バスケットボール秘史

起源からNBA、Bリーグまで

谷釜尋徳

光文社新書

はじめに

いま、日本のバスケットボール界は花盛りである。

Bリーグの開幕とその盛況ぶり、東京オリンピックの女子日本代表の銀メダル、日本人NBA選手の活躍なども大きく影響し、ここ数年でバスケットボールは一躍人気スポーツの座を射止め、いまや流行の真っ只中にある。しかし、アメリカ発祥のバスケットボールが日本にどのようにして伝わり、どのような経緯で長い時間をかけて普及と発展の道を歩んできたのか、その歴史は一般にはほとんど知られていない。

日本でバスケットボールが世間の注目を集めたのは、いまが初めてではなかった。

明治後期の女学校では、女性用にアレンジされたバスケットボールが流行した。大正初期に本格的なバスケットボール競技がアメリカから上陸すると、関西・関東を中心に男性にも瞬く間に普及し、国際大会（極東選手権）デビューを果たす。同じ頃、学校体育教材への採用を追い風に、この競技の魅力は子どもたちにも伝わっていく。

昭和初期に設立された大日本バスケットボール協会がさらなる発展の足掛かりとなって、男子日本代表はバスケットボールが初めて正式種目となったベルリンオリンピック（一九三六）の舞台を踏む。その後、戦火の影響で衰退を余儀なくされ、国際大会からも遠ざかったが、戦後、一九五〇～七〇年代にかけて日本はオリンピックの常連に名を連ね、欧米勢の高さの壁に苦しみながらも一時期は世界レベルに急接近する。企業チームがしのぎを削る男女の国内トップリーグも生まれた。

一九八〇年代、日本代表は男女ともに低迷したものの、国内での普及状況は目覚ましく、ミニバスは小学生の人気スポーツの仲間入りを果たす。独自のチーム作りで王座に君臨する高校や大学のチームも現れた。一九九〇年代にはNBAの流行の波が日本にも到達し、バルセロナオリンピック（一九九二）のアメリカ代表〝ドリームチーム〟の活躍が決定打となって、日本で空前のバスケブームが巻き起こる。同じ頃、漫画『スラムダンク』の連載がはじまり若者のバスケ人気に拍車をかけた。かくいう筆者も、この時代のバスケブームに感化されてバスケットボールをはじめた口である。

二〇〇〇年代に入ると、ついに日本人初のNBA選手が誕生した。その一方で、日本で開催された世界選手権の大赤字、日本協会内部のトラブル、男子の国内トップリーグの分裂などを発端としてＦＩＢＡ（国際バスケットボール連盟）から国際資格停止処分が下される憂《う》き目にあう。指導現場での暴言・暴力の横行も次々と明るみに出され、暗い話題が続いた。

こうして、日本のバスケットボール界は窮地に立たされたが、その後の必死の改革が実り事態が大きく動く。トップリーグが統合されてＢリーグが開幕し、日本代表が東京オリンピックで男女アベック出場（女子は銀メダル）を果たすなど、今日の隆盛につながる好循環が生まれていった。八村塁《はちむらるい》がドラフト一巡目指名を受けてＮＢＡ入りしたのも、同時期の出来事である。

以上、本書で取り上げる日本バスケットボール史の概要を書き出したが、これだけを見ても、バスケットボールという競技が日本でいかに浮沈《ふちん》を繰り返してきたのか、その振れ幅の大きさに驚く。まさに激動の歴史といってよい。

『バスケットボール秘史』と題した本書は、アメリカでのバスケットボールの起源を含め、日本のバスケットボールの歴史を一気に読み通すことができるのが特徴である。明治、大正、昭和、平成、令和を駆け抜けたバスケットボールを時系列で振り返る。通史的な構成のなかで、それぞれの時代を象徴する人物にも光を当てた。なかには、時流を捉えてバスケットボール界を動かした人物もいれば、思うように事が運ばずに志半ばでバスケットボール界の中心から姿を消した人物もいる。

また、本書の執筆にあたっては、バスケットボールと社会との接点も意識した。いうまでもなく、バスケットボールは世の中から隔絶して存在するのではなく、一般社会のなかの営《いとな》みだからである。近現代の日本社会で、バスケットボールはどのようにして人びとの心を捉え、紆余《うよ》曲折《きよくせつ》を経て今日の隆盛を手にしたのだろうか。知られざる歴史をお楽しみいただきたい。

過去の来歴を紐解くことは、物事の現在の姿を知るうえでも有効な手立てとなる。

昨今の日本バスケットボール界の目に見える躍進は、まだはじまったばかりである。現在のバスケ人気を一過性のブームで終わらせることなく、今度こそ持続・定着させていくために、私たちはいま、この競技をより深く知る必要がある。本書はこの課題に歴史的な側面から応えたい。

本書が、歴史的な理解を通して日本のバスケットボールの「いま」や「これから」を考える一助となれば幸いである。

バスケットボール秘史　目次

第二章

日本への伝来

第三章

一躍、人気スポーツへ

第五章

第六章　ブームから文化への挑戦

本文図表制作：デザインプレイス・デマンド
目次・章扉制作：熊谷智子

第一章

バスケットボールの起源

アメリカ宗教界の生き残り戦略

スポーツは社会を映す鏡だといわれる。スポーツは人びとが暮らす社会から切り離されて存在しているわけではなく、いまも昔も一般社会のなかでの営みである。そのため、スポーツは、それが行われる時代や社会の制約を受けながら命脈を保ってきた。したがって、各種のスポーツの歴史を紐解けば、そのスポーツの誕生や発展を後押しした社会の動向が透けて見えてくる。一九世紀末葉《まつよう》に、アメリカの産業社会の進展とともに産声《うぶごえ》を上げたバスケットボールは、まさにその好例である。

産業社会への移行によって単調な工場労働や管理化が進んだ一九世紀のアメリカでは、産業化と引き換えに人びとの心身両面の健康問題が浮上する。また、当時のアメリカ社会は、増え続ける移民への対応にも悩まされていた。移民の多くは貧困層だったことから、彼らの不衛生な生活環境を見直し、心身の健康増進を図ることが重視されたのである。

こうした社会的な課題に目を付けたのが、ほかならぬ宗教界だった。一九世紀後半、アメリカのプロテスタント教会の中核を担っていたのが福音派《ふくいんは》の勢力である。福音派は、より多くの人びとが神に救済されるように、神の福音を世の中に広めていく立場をとる。当時の福音派は、人びとの心身の健康を保持増進する事業に手を伸ばすことで世俗社会に勢力を拡大し、新興国アメリカでの生き残りを目論んだ。

こうして、アメリカの宗教界は、人びとに産業社会を生き抜くための健康増進の手段を提供することで、自らの存在意義を示す路線を辿っていく。そのような文脈から、アメリカで健康増進の拠点として急速に普及したのがＹＭＣＡ（キリスト教青年会：Young Men's Christian Association）である。ＹＭＣＡは、一九世紀中頃のイギリスでキリスト教信仰を通じて健やかな心身や知性を育むために生まれた団体で、一九世紀末には世界各地に広まっていく。アメリカに根を下ろしたＹＭＣＡは、宗教色を前面に出さずにレクリエーションの要素を取り入れたソフト路線を重視した。ＹＭＣＡは、そのネットワークを利用して身体教育の分野に積極的に参入し、産業社会の弊害から人びとを守ろうとしたのである。[1]

そして、バスケットボールの誕生の舞台こそが国際ＹＭＣＡ訓練学校だった。したがって、バスケットボールとは、アメリカの産業社会化にともなう人びとの健康問題に目を付けた、宗教界の生き残り戦略の延長線上に誕生したスポーツだといえよう。

新しい冬季スポーツを求めて

一八八五年、ＹＭＣＡはマサチューセッツ州のスプリングフィールドに専門職員の養成を

ジェイムズ・ネイスミス（左）（The New York Times/ アフロ）

目指す訓練学校を設置した。一八八七年に同校に体育部が置かれたことをきっかけに、YMCAの体育活動は急速に発展を遂げる。一九〇〇年には、全米で八万人の成人と二万人の少年がYMCAの提供する体育サービスを受けていたという。[2]

一八九〇年、同校はYMCA訓練学校へと改称され、さらに翌年には国際YMCA訓練学校と呼ばれるようになった。これこそがバスケットボールの誕生の地である。

バスケットボールの生みの親、ジェイムズ・ネイスミスが国際YMCA訓練学校に赴任したのは、一八九一年九月、三〇歳の時のことだった。彼は、同年六月に同校の体育部担当スタッフ養成科を卒業したばかりで、そのまま母校に残ったことになる。

当時、同校は大きな問題を抱えていた。それは、冬季に行う体育教材が不足していたことである。春から夏にかけては、屋外で野球やアメリカンフットボールなどの人気種目を実施できたが、寒さが厳しく積雪もある冬はグラウンド種目が実施できず、屋内で可能なのは伝統的な体操くらいだった。受講生のなかには、かつて大学でアメリカンフットボールや陸上競技などのアウトドアスポーツでならした者も多く、屋内で行う単調な体操の授業に不満を持っていたという。アウトドアスポーツの魅力を知る彼らにとって、ほぼ体操しかできない冬場の授業はまったく面白くなかったのである。

冬季のプログラムに対する不評は、国際ＹＭＣＡ訓練学校だけの問題ではなかった。一八九一年の夏、同校を会場に全米各州のＹＭＣＡから体育主事を集めた夏期講習が開かれる。その際、各地の担当者からは、ＹＭＣＡに集う会員たちが、冬場に屋内で行う体操中心の体育プログラムにまったく関心を示さなくなってきているという実情が次々と報告された。

そこで、同校の体育部主事養成科長のＬ・Ｈ・ギューリックは、ネイスミスを含めた五名の教員とともに問題の解決に乗り出す。何度も検討を重ねて辿り着いた結論は、「面白くて、覚えるのも、プレーするのも簡単で、しかも冬季に照明のついた屋内でできる〝新しいゲーム〟が必要である」という新種目の考案だった。[3]

しかし、秋のシーズンが終わりに近付いても、「新しいゲーム」を思い付く教員は誰一人としていなかった。アメリカンフットボールをはじめ、当時のアメリカで人気の屋外スポーツに匹敵する新しいスポーツを、しかも屋内競技として考案することは至難の業《わざ》だったのである。次第に冬場のシーズンが迫り、YMCAの教員たちにも焦りが見えはじめていた。

問題のあるクラス

この当時、国際YMCA訓練学校のなかには、問題視されていたクラスがあった。一般事業担当主事を養成するクラスである。一般事業とは、総務、会館、宗教、会員管理など、YMCAの体育以外の部門を意味する。将来的に体育の専門家になるわけでもない彼らは、体育のプログラムには無関心で、とくに冬場の屋内での授業には嫌気がさしていた。

しかし、彼らはスポーツが苦手だったわけではない。一般事業担当主事養成クラスの学生は二〇〜二五歳で、大半の者がフットボールチームで活躍していたという。[4] アウトドアスポーツの魅力を熟知する「大人」だった彼らにとって、いまさら屋内で体操の授業に取り組むことは苦痛以外の何物でもなかったのである。複数の教師が代わるがわるこのクラスを担当したが、反抗的な態度をとる彼らを満足させるような授業展開はできず、誰もがあきらめかけていた。しかし、YMCAは万民に心身の健康を届けることを目指して体育分野に参入したのだから、そう簡単にさじを投げることはできない。

そこで、ギューリックが白羽の矢を立てたのがネイスミスだった。おそらく、ギューリックの頭のなかには、一般事業担当主事を目指す彼らを冬場の体育館で夢中にさせるには、新しい魅力的なスポーツを提供する以外にはないという考えがあったのだろう。言い換えれば、新しいスポーツの考案に向けて試行錯誤を重ねる実験台として、このクラスは打って付けだったのである。問題のあるクラスを手懐け、魅力ある新しい屋内スポーツを生み出す。根本でつながる二つの課題の克服が、若きネイスミスに託されることになった。

ネイスミスの葛藤

こうして、冬場の屋内授業のシーズンが訪れ、ネイスミスの苦闘の日々がはじまる。

最初に試みたのは、すべての体操種目を網羅するのは止めて、部分的に簡易的なレクリエーションを取り入れることだった。これは思いのほか好評だったが、受講生たちがやがてレクリエーションに飽きてしまうのは目に見えていて、根本的な解決には至らなかった。

次のチャレンジは、既存の人気スポーツの屋内競技化である。ネイスミスが最初にイメージしたのは、受講生のなかにも経験者が多いアメリカンフットボールだった。ネイスミスは屋内競技用にタックルを禁止することを考えたが、それでは味気ないスポーツになってしまうし、何より彼らがそれを承知するとは思えず、やむなく断念する。

そこで、今度はサッカーの屋内競技化に挑んだ。しかし、いざ体育館でサッカーがはじまると、学生たちは屋内用の柔らかい体操シューズを履きながらグラウンドと同じように思い切りボールを蹴ったため、足をフロアに強打して怪我する者が続出したという。さらには、蹴ったボールがゴールを大きく逸れて窓ガラスが割れ、競技中のラフプレーも頻繁に起こった。暴力沙汰が発生した時に武器に使われないように、体育館内に置かれた体操用の棍棒やダンベルをあらかじめ撤去しておく必要があったほどである。

その後、ネイスミスはラクロスに望みをかけ、体育館での実施を試みた。北米先住民の球戯をもとに競技化されたラクロスは、先端にネットが付いたスティックを手に持ってボールを相手ゴールに投げ入れる対人競技で、カナダでは国技にもなっている。カナダ出身のネイスミスはラクロスの経験者で、このクラスにも七名のカナダ人がいたため相性は悪くないと思われた。しかし、ネイスミスの目論見《もくろみ》は見事に外れる。体育館でのラクロスはスティックで顔や手を叩かれて負傷する者が続出し、むしろアメリカンフットボールやサッカーの方がおとなしく見えるほどの危険な状態だったという。

こうして、既存の人気スポーツの屋内競技化はことごとく失敗に終わり、ネイスミスの挑戦は暗礁に乗り上げる。しかし、ここまでの試行錯誤を見る限り、この時点でネイスミスがイメージしていた新しい冬の屋内競技とは、暴力的なプレーを極力抑えた対人系のゴール型球技だったと理解することができよう。

新しいゲームの構想

失敗続きの日々だったが、無駄なことばかりではなかった。とくに、アウトドアスポーツの屋内スポーツ化の試みは、ネイスミスの思考を「なぜ、ラフプレーが起こるのか?」という安全性の追求へと前進させたからである。

新しいゲームの創案にあたり、ネイスミスが最初に着手したのは試合に用いるボールのサイズの選定だった。球技のボールには大小の二種類があるが、野球、クリケット、ホッケー、ラクロス、テニスなど、比較的小さなボールを使うスポーツでは、ボールを扱う用具が存在する。こうしたスポーツは、えてして習得が困難である。国際ＹＭＣＡ訓練学校が目指した新しいゲームは「面白くて、覚えるのも、プレーするのも簡単」という点を重視したため、プレーを難しくする小さいボールを採用するのは得策ではない。

一方、大きなボールは扱いやすく、投げる・捕るといった動作くらいなら、そこまで練習を重ねなくても簡単に習得できる。そこで、ネイスミスは大きなボールを採用することに決めた。この時点でネイスミスが思い浮かべたのは、アメリカンフットボールの楕円形のボール、そしてサッカーの球体のボールである。後述するように、新しいゲームではボールを持って走ることを禁じたため、ボールを抱えて走りやすいアメリカンフットボールの専用球は構想から外れ、サッカーボールに落ち着くことになる。

ネイスミスが第二段階として考えを巡らせたのは、ラフプレーをなくすことである。彼が危険なスポーツの象徴として念頭に置いたのはアメリカンフットボールだった。当時、この競技はアメリカの大学スポーツの華として不動の地位を築いていたものの、乱暴なプレーが横行し、競技中に多くの死傷者が出て社会問題化したほどである。

アメリカンフットボールの暴力性を抑制するためにネイスミスが腐心したのが、タックルをなくすことだった。フットボールでは、ボール保持者が自由に位置を変えて走ることが許されているため、それを止めようとしてタックルが生じる。ならば、ボールを持って走れないルールにすれば、守備側もタックルをする必要がなくなるのではないか。こうして、ネイスミスは、新しいゲームではタックルをなくすためにボールを持ったままの移動を禁じることを決意する。

〝頭上の水平面のゴール〟という発明

次に、このゲームでは何を目的にプレーするのか、つまり何をもって得点とするのかを思案した。ネイスミスが試したサッカーやラクロスは、両端に設置されたゴールにシュートすることをめぐって激しい攻防が展開され、ラフプレーが起きていた。

ネイスミスはその理由を、ゴールを設置する角度に求めた。サッカーもラクロスも、地面に対して垂直にゴールが置かれているため、ボールをゴールに叩き込むには力強いシュートが不可欠となる。そのシュートを止めようとしてラフプレーが発生すると考えたのである。では、どうすれば、力任せのシュートを避け、暴力的なプレーを抑制できるのだろうか。

その時、ネイスミスの頭に浮かんだ光景が、幼少期に故郷で仲間と楽しんだDuck on the Rock（岩の上の鴨）という遊戯だった。これは、高さと幅が六〇センチほどの大きな岩の上に鴨に見立てた握りこぶし大の石を置き、少し離れた位置から自分の石を投げて「鴨」に当てて落とす遊びである。

　幼少期の経験を思い起こすと、直線的に力任せに投げるよりも、放物線を描くようにやわらかく投げる方が成功率は高かった。ここにひらめきがあった。この遊戯のように、ゴールを垂直ではなく水平に設置すれば、必然的に放物線を描いたシュートが有効になり、ラフプレーも抑えられることにネイスミスは気が付いたのである。

　しかし、Duck on the Rockの岩のような低い位置だと、ゴールを水平にして放物線を描くようにシュートしても、ディフェンスに容易にカットされてしまう。それなら、ディフェンスの手が届かないような高い所に水平なゴールを取り付けてしまえばよいと、ネイスミスの思考は一気に進んだ。こうして、コートの両端の頭上に水平面のゴールを設置することが決まる。このタイプのゴールは従来のスポーツには見られず、まさに「発明」と呼ぶに相応《ふさわ》しい斬新な発想だったといえよう。今日にいたっても、バスケットボールをほかの競技と区別する最大の特徴は、頭上に取り付けられた水平面のゴールにある。

　最後に残ったのは、試合開始の方法である。ネイスミスは、激しいボールの奪い合いをできるだけ避けるため、コートの中央に両チームのプレーヤーを一人ずつ出して、その間にボールをトスアップして試合をはじめることにした。

これで、新しいゲームの構想がほぼ固まった。いまから見れば、ネイスミスは失敗から学ぶ天才だったと評価することができる。アメリカンフットボールからはタックルの危険性とそれを抑制する発想を、サッカーやラクロスからは対人系のゴール型球技の発想を吸収しているからである。ネイスミスは、既存のスポーツの屋内競技化には失敗したものの、それらのスポーツの特徴を見極め、新たなゲームを編み上げていくことに大成功したといえよう。

一三条のルール

かくして新しいゲームの構想が固まり、これを一般事業担当主事養成クラスの授業で披露する段階までこぎつける。しかし、ネイスミスは授業を実施するにあたり、このゲームのルールを明文化することを忘れていた。慌てて研究室でルールの文案を練ったが、構想自体はすでに出来上がっていたため、わずか一時間足らずでルールを書き上げたという。

この時、ネイスミスが作ったルールは合計で一三項目におよんだ。これが現在に至ってもバスケットボールの根幹を規定している〝一三条のルール〟である。その内容をネイスミスの著作“Basketball : It's Origin and Development”の邦訳書から引いておこう[5]。

第一条　ボールはサッカーのボールを使用し、ボールは片手あるいは両手で、どの方向にパスしてもよい。

第二条　ボールは片手、あるいは両手でどの方向にたたいてもよい。ただし、こぶしでたたくのは禁止する。

第三条　プレーヤーは、ボールを保持して走ることはできない。また、ボールをキャッチした地点からパスをしなければならない。かなりのスピードで走っているときに、ボールをキャッチした場合は、もしストップしようと努力しているならば、一、二歩は許されることもある。

第四条　ボールは両手で保持しなければならない。両腕や、からだを用いてはならない。

第五条　どのような方法であれ、相手を小突いたり、つかまえたり、押したり、つまずかせたり、たたいたりすることは許されない。この規則の第一回目の違反は、一個のファウルとする。二回違反を犯した場合は、つぎのゴールが成功するまで退場とする。もし、故意に相手を傷つけようとするようなプレーであるとみなされた場合は、ゲーム終了まで退場とする。

第六条　第二、三、四、五条で述べたことに、一回違反を犯すごとに、一個のファウルとする。

第七条　両チームのどちらかが連続して三個のファウルを犯すと、その相手チームに一ゴールを与える（連続とは、その間に相手チームがひとつもファウルをしないということである）。

第八条　ボールが投げられるか、あるいは、たたかれてシュートされ、バスケット内にはいれば、ゴール成功である。もし、ボールがバスケットの縁に止まったり、また、シュートをしたときに相手がバスケットを動かしたりした場合も、ゴールの成功とみなされる。

第九条　ボールがコート外に出た場合は、最初にコート外のボールを保持したプレーヤーが、コート内にスロー・インする。そのとき、スローアーは、五秒間だけ相手チームから妨害されないでボールを保持することを許される。もし、どちらのチームのボールとなるか判定がつかないときは、副審がそこから、まっすぐ投げ入れる。スロー・インのさいに、五秒間を超えると、ボールは相手側に与えられる。もし、スロー・インのとき、どちらかのチームがゲームを遅らせようとした場合は、副審はそのチームにファウルを宣告する。

第一〇条　副審はプレーヤーを審判し、ファウルを記録し、連続三回のファウルのあった場合は、主審にこれを知らせる。主審は、第五条によって、プレーヤーを失格させる権限を有する。

第一一条　主審はボール・プレーを判定し、いつ、ボールがイン・プレーとなるか、イン・バウンズになるか、どちら側のチームに与えられるかなどを決定し、競技時間を計測する。また、ゴール成功を確認し、その数も数える。このほかに、他のゲームで主審が通常おこなっているような任務も務める。

第一二条　競技時間は、一五分ハーフとし、あいだに五分間のハーフ・タイムをおく。

第一三条　ゴール成功が多かった方のチームが勝者となる。もし、同点の場合は、キャプテンの同意のもとに、次のゴールが成功するまでゲームを続ける。

このように、ネイスミスが新しいゲームの創案にあたって設けたルールはわずか一三条だったが、現代人が知っているバスケットボールの輪郭《りんかく》は、すでにこの時点で形成されていたことがわかる。二〇二五年現在、ＦＩＢＡ（国際バスケットボール連盟）が定める国際ルール“Official Basketball Rules”の条文は計五〇条で、各条のなかにいくつもの項目が記されている。

なぜ、「バスケット」ボールなのか？

ところで、この新しいスポーツは、なぜバスケットボール（Basketball）という名前になったのだろうか。その理由は、競技の誕生直前の準備段階にさかのぼる。

ネイスミスは、サッカーボールが入る大きさの四五センチ四方の箱をゴールにしようと考えていた。体育館の管理人にこの大きさの箱が二つ欲しいと依頼したところ、管理人は箱の代用品として地下の倉庫から桃を入れる古い籠《かご》（バスケット）を両脇に抱えて持ってきたので、これをゴールに使うことにした。これが〝バスケットボール〟という競技名の由来である。もし、ネイスミスの指示通り、管理人がちょうどよい箱（ボックス）を調達していたなら、このスポーツは〝ボックスボール〟などと命名されていたかもしれない。

ネイスミスは、管理人が持ってきた二つの籠を体育館の両端に一つずつ、フロアから三メートル五センチの高さに釘で打ち付けて授業の開始に備えた。このゴールの高さは、いままでも変わっていない。

ちなみに、この新しいスポーツがバスケットボールと命名されたのは、一八九一年一二月二一日の授業で初の試合が行われてから随分先のことだった。年末年始の冬休みが明けて学生が故郷から戻る頃、フランク・マーンというリーダー格の学生がネイスミスのもとを訪れる。

新しい屋内スポーツを気に入っていたマーンは、この競技に正式名称が必要だと訴え、創案者の名前をとって〝ネイスミス・ボール〟はどうかと提案した。ネイスミスが笑ってあしらうと、彼は次に「籠」(Basket)と「ボール」(Ball)を使うスポーツという意味で〝バスケット・ボール(Basket Ball)〟という名称を再提案する。これにはネイスミスも納得し、競技名が定まったというわけである。

競技の名称が正式に決まった時点を特定することは難しいが、一八九二年一月一五日発行の国際YMCA訓練学校の広報誌『ザ・トライアングル』に、"BASKET BALL!"と題してこのゲームのあらましが初めて公的に紹介されているため[6]、ここをひとつの起点と見なすこともできよう。

一八九一年一二月二一日　～バスケットボールの初の試合～

いよいよ、一般事業担当主事養成クラスの授業で新しいスポーツを披露する時が訪れる。ネイスミスは、一三条のルールをタイプした紙を体育館内の掲示板に貼り付け、ルールを読み上げて丁寧に説明した。この日の出席者は一八名だったため、ネイスミスはこれを半分ずつ、二つのチームに分けて、各チームからキャプテンを一名ずつ選んだ。世界初のバスケットボールの試合は、現在のような五対五ではなく、九対九で行われたのである。

この九名には、それぞれ大まかなポジションが与えられていた。前線で得点を狙うフォワード、コートの中央にポジショニングするセンター、後方でディフェンスするバック（現在でいうガード）がそれぞれ三名ずつ配置されたのである。そして、両チームからセンターを一人ずつ選び、両者の間からトスアップして歴史的なゲームが幕を開けた。

試合がはじまると、学生たちはいままでの授業のしらけっぷりが嘘のように無我夢中でボールを追いかけ、シュートを狙った。ネイスミスが当初思い描いた、「面白くて、覚えるのも、プレーするのも簡単」というコンセプトは初回から見事に的中し、学生たちの心を一瞬で虜《とりこ》にすることに成功したのである。

しかし、アメリカンフットボールに慣れ親しんだ学生たちが、最初からラフプレーを抑えてルールに則ってプレーできたわけではない。なにしろ世界で初めてこのゲームをプレーした学生たちは、どのように動けばよいのか見当がつかず、あちこちでファウルが発生した。

また、水平面のゴールにシュートするための合理的なボールの投げ方もわからず、なかなか得点が入らない。こうした状況で、第五条の「二回違反を犯した場合は、つぎのゴールが成功するまで退場とする」というルールが適用されたため、大半が退場者となってしまい、サイドライン際でゲームを見守ることになったという。

この最初のゲームがどのようにして決着したのか、ネイスミスは自著のなかでは明らかにしていない。通説では、誰一人シュートが成功しないなか、ウィリアム・R・チェイスが苦しまぎれに投げたボールが偶然ゴールに吸い込まれ、一対〇のスコアで試合が終了したといわれている。[7] これが本当なら、第一三条の「ゴール成功が多かった方のチームが勝者となる。もし、同点の場合は、キャプテンの同意のもとに、次のゴールが成功するまでゲームを続ける」が適用されて幕を閉じたことになろう。

新しいスポーツをぶっつけ本番で行った学生たちが、一八名が入り乱れたカオス状態で、高所に取り付けられた水平のゴールに次々と得点することなどできるはずもない。一対〇というスコアは至って妥当な結末だった。創案当初のシュート技術は、サッカーのスロー・インのように頭の後方から両手で投げたり、野球の投球動作のような片手投げが試みられていたが、成功率は低かったといわれる。[8] 最初のゲームに参加した学生たちも、同じような方法でシュートしていたと想像できる。

ともあれ、最初の試合は予想以上の盛り上がりを見せて大成功を収めた。冬季に体育館でプレー可能な魅力ある屋内スポーツ「バスケットボール」の誕生である。

そこに日本人がいた

ネイスミスの指導のもと最初にバスケットボールをプレーした一八名のなかに、日本人がいた。日本からアメリカに留学し、国際ＹＭＣＡ訓練学校で学んでいた石川源三郎《いしかわげんざぶろう》である。

石川源三郎は、一八六五年七月二一日（生年月日は諸説あり）に館林藩《たてばやし》（現在の群馬県）の軍指揮官の息子として生まれた。やがて、東京に移住した後にキリスト教に改宗し、一八八六年九月に渡米する。サンフランシスコに到着後、ウェスト・ミンスター・プレップスクール（大学進学を目指す予備校）に入り、一八八九年にサンフランシスコの神学校で半年を過ごした。一八九〇年、国際ＹＭＣＡ訓練学校の一般事業担当主事養成クラスに入学し、一八九二年に卒業している。卒業後はサンフランシスコに戻り、石川定邦《さだくに》の名で日本人キリスト教青年会の運営に携わる。一八九三年にウィスコンシン大学マディソン校に入学し、修士号・博士号を取得する傍《かたわ》ら体育指導者としても勤務した。日本に帰国してからは、一九〇二年に三井物産に入社し、イギリスやドイツの支店で活躍している。

しかし、バスケットボールの最初の試合を経験した石川本人が、この生まれたてのスポー

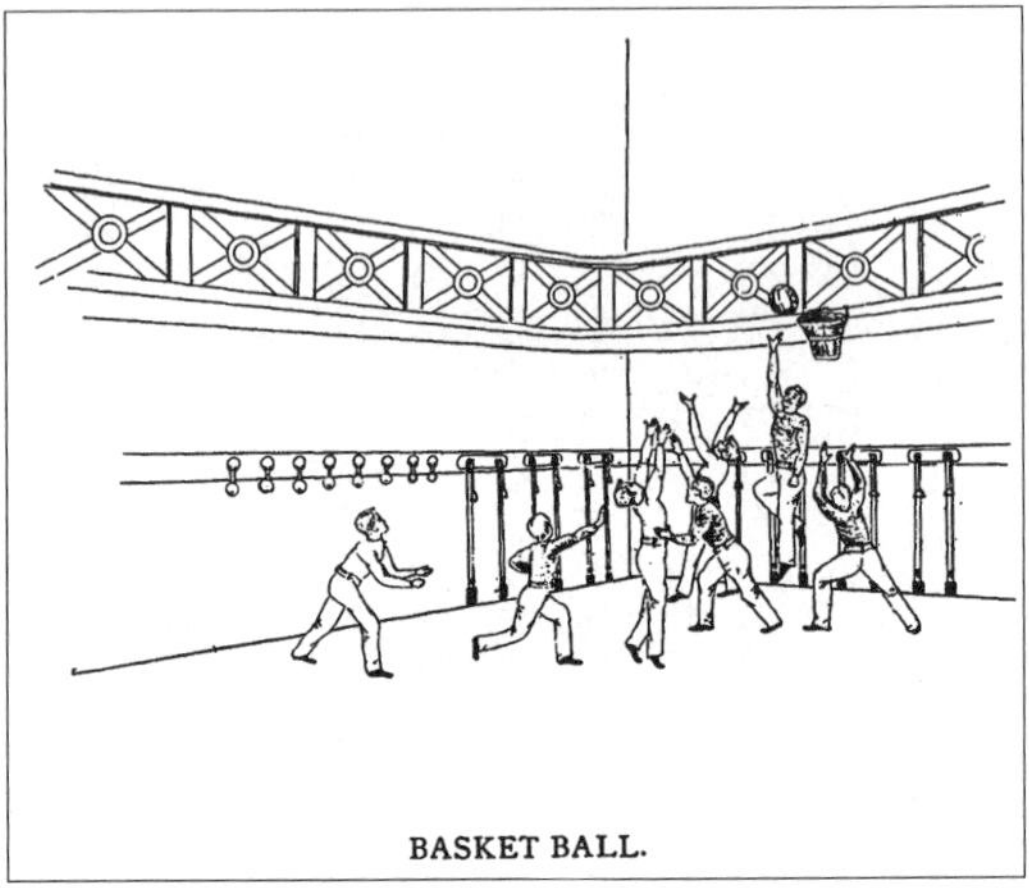

石川源三郎が描いた最初の試合の様子
（The Triangle, vol.1, No10）

ツを日本に紹介し、普及させた形跡は見られない。海外勤務によって若き日の大半を外国で過ごしたことが理由のひとつだといわれている。[9]

上の図は、『ザ・トライアングル』誌（一八九二年一月一五日発行）の〝BASKET BALL〟の紹介記事に掲載された、最初のゲームを描いたスケッチである。実は、このスケッチの作者が石川源三郎だとされている。[10] 最初のゲームが行われたのが一八九一年一二月二一日で、雑誌の発行が翌年一月一五日なので、石川は比較的記憶が新しいうちにこのスケッチを完成させたことになる。石川のスケッチは、バスケットボールの最初のゲームの様子を知りうる数少ない手掛かりである。その意味でも、バスケットボールの普及や発展に果たした石川の貢献は計り知れない。

バスケットボールの誕生という歴史的瞬間に一人の日本人が立ち会い、最初のゲームの光景を視覚資料として残した事実を今一度かみしめたい。二一世紀に入り、田臥《たぶせ》勇《ゆう》太《た》、渡邊《わたなべ》雄《ゆう》太《た》、八村塁がアメリカに留学し、ＮＢＡ入りを果たしたが、そのはるか昔、アメリカバスケットボール史の最初のページに、すでに日本人留学生の存在が刻まれていたのである。

ドリブルという〝発見〟

現代のバスケットボールでは、華麗なボールさばきで敵を出し抜くドリブルがゲームの見所のひとつである。しかし、ドリブルは最初から存在したのではなく、競技の発展の過程でプレーヤーによって〝発見〟された技術だった。

ネイスミスは競技中のタックルをなくす目的でボールを持って走ることを禁じるルールを定めたため、ボール保持者はシュートかパスのいずれかを選択しなければならなかった。しかし、ディフェンスに詰め寄られて動きを封じられると、何もできなくなってしまう。

そのような時、ボールをいったん手放してフロアに弾ませ、その間に素早く移動して再びボールをキャッチすることでディフェンスのプレッシャーを回避しようとする者が出てきた。これなら、第三条「プレーヤーは、ボールを保持して走ることはできない」には抵触せずに位置を移動できる。この動きを繰り返したプレーが今日のドリブルの起源である。

もともと、ドリブルは得点につながる攻撃的なプレーではなく、緊急避難策としてのボールキープの手段だったといえよう。

ラフプレーの頻発とフリースローの登場

ネイスミスが考案したルールの第九条には、「ボールがコート外に出た場合は、最初にコート外のボールを保持したプレーヤーが、コート内にスロー・インする」とある。当時のプレーヤーたちは、この条文を場外でのボール争奪戦の合図だと解釈し、コート外で激しい乱闘を繰り広げた。しかも、当初はボールの「保持」の定義が明確ではなかったため、誰かが一度コート外でボールに触れてからも、それを奪い返そうとする暴力的なプレーが続出する。ラフプレーを抑え込もうとしたネイスミスの意図とは裏腹に、彼が定めたルールはコート外での激しいボールの奪い合いを招いてしまったのである。

こうした事情もあり、初期のバスケットボールは、ファウルに対する罰則の重さをコントロールし、一回のゴールによる得点の価値を調整することが繰り返し行われた。

一八九一年にバスケットボールが誕生した当初は、一回のゴールによる得点は一点で、どちらかのチームが連続三回ファウルを犯すと自動的に相手チームに一点が加算された（第七条）。しかし、当時はシュートの成功率が低く、試合結果が一対〇などのロースコアゲームも珍しくなかった。そのため、連続三回のファウルがもたらす一点がゲームの勝敗を大きく左右し、ゴールの成功よりもファウルによる得点で試合が決まることが常態化してしまう。

この事態を避けるために、ファウルによる点数よりも、通常のゴールによる得点の価値を増やす必要が生じる。そこで、一八九三年には、ゴールが一回成功するごとに三点が入り、ファウルが起こるたびに（連続でなくても）相手に一点が入るルールに変更されている。

以降もしばらくの間はシュートの成功率が低く、味方のシュートの成功よりも相手のミス（ファウル）による得点で試合が決まる状態が続いた。これでは、プレーする側も観客の側も、まったく面白くない。そこで、相手のミスに頼ることなく、自らの技術で得点することができる新しいペナルティとしてフリースローが登場したのである。[11]

一八九四年のルールでは、通常のゴールは一回成功するごとに三点が入り、ファウルが起こるたびに相手チームにフリースローが一投与えられ、成功すれば三点を獲得した。この時、フリースローの距離は二〇フィート（約六・一メートル）と定められたが、遠すぎてシュートが入らなかったため、一八九五年からは一五フィート（約四・六メートル）に変更される（現行ルールではリングから四・二メートル）。

一八九六年のルールでは、ゴールの成功は一回につき二点、フリースローの成功は一回につき一点に変更された。シュート一本の成功で三点が入るのは重すぎるという批判が相次ぎ、通常のゴールは二点に抑えることになったものの、ファウルによって試合が決まる状態を避けるためにはフリースローの得点価値をそれよりも下げる必要があったのである。

以降、ゴールとフリースローの価値の調整が繰り返されていくが、最終的にはゴールは二点、フリースローは一点というルールに落ち着く。一九一一年には一回のファウルによるフリースローの数が二投に増え（一回成功すると一点）、現在に至っている。

なお、スリーポイント・ルールが国際的に導入されるのは、一九八四年のことである。

観客と競技空間を隔てたバックボード

ネイスミスは、『ザ・トライアングル』誌（一八九二年一月一五日発行号）のなかで、「このゲームはプレーヤーだけでなく観客にとっても興味深い[12]」と述べ、誕生からひと月足らずの時点で、バスケットボールが観客を魅了するスペクテイタースポーツになることを予見していた。この目論見は決して当てずっぽうではない。最初のゲームが行われてから数日後には、体育館のバルコニーに見物人が現れていたからである。観客の登場は、今日の私たちが見慣れた用具の出現を後押しすることになった。

当初、ゴールとして選ばれた桃の籠はバルコニーのすぐ下に取り付けられたため、プレーヤーが放ったシュートはゴール裏に陣取った観客の手に届くところにあった。やがて、熱狂的な観客のなかには、ひいきのチームがシュートしたボールに触れてゴールに入れたり、反対に敵を邪魔する者が登場する。これではゲームが成り立たないので、観客がボールに触れないようにバルコニーに木製のバックボードを設置し、そこにゴールを取り付けて対処した。つまり、バックボードとは、競技空間と観客を隔てるために登場した用具だったのである。

しかし、これで問題が解決したわけではなかった。今度はバルコニーの観客たちが、木製のボードがあるせいで、せっかく最前列に陣取ったのにゲームが見えないと主張しはじめる。そこで、観客サイドからゲームが見えるように金網のバックボードが採用される。ところが、金網にくぼみをつける細工をして、その仕掛けを知るホームチームだけが巧みにシュートを成功させるという不正行為が頻発した。こうして、観客の試合見物を妨《さまた》げず、なおかつ不正を防止できるように、いまではお馴染みの透明のバックボードが登場したのである。

一九世紀のアメリカで〝ニュースポーツ〟として生まれたバスケットボールは、観客を味方につけて発展を遂げようとしたため、観客の過剰な要求を突っぱねることができず、共存の道を模索したという事情が透けて見えてくる。

健康増進の手段としてのアメリカ国内への普及

アメリカの産業社会化にともない人びとの健康問題が浮上したことは先に述べたが、その解決に大きく寄与したのがバスケットボールだった。

国際YMCA訓練学校の体育教材として生まれたバスケットボールは、すぐさまYMCAを飛び出して大学や高校にも伝わり、さらには人びとの生活の場に分け入っていく。最初にバスケットボールをプレーしたのは二〇～二五歳の大人だったのだから、このスポーツを労働者たちがプレーするようになるのは自然な成り行きだったといえよう。

とくに、バスケットボールは都市の移民下層社会に急速に普及した。バスケットボールの面白さに着目したソーシャルワーカーたちは、移民たちの健康増進とレクリエーションにもこのスポーツを活用したという[13]。大がかりな施設を必要とせず、一定の運動量を確保しながら過度な身体接触を禁じるバスケットボールは、労働者が仕事の合間に運動不足解消のためにプレーするにはうってつけだったのである。

当時、新参者としての移民層をアメリカ社会に馴染ませる手段としてスポーツに期待が寄せられたが、その最たるツールがバスケットボールだった。バスケットボールは、近代アメリカ社会に内在した課題を解決する役割を積極的に担ったといえよう。

女子バスケットボールの誕生

バスケットボールは、素早い展開を売り物にしながらも身体接触を抑制していたため、女性の健康増進にも効果的だと考えられるようになった。最初のゲームが行われて間もなく、近隣のバッキンハム・グレード・スクール（日本でいう小学校）の女性教師たちがネイスミスの授業を見物に訪れ、自分たちもプレーしたいと懇願した。ネイスミスが快諾したところ、後日、彼女たちはＹＭＣＡの体育館に足を運び、普段着同然のいで立ちでバスケットボールを体験したという。これがきっかけとなって、やがて女性教師たちはチームを結成してプレーしはじめた。女性とバスケットボールの出会いは、競技の創案当初までさかのぼるのである。

スミス大学の女子バスケットボール
（水谷『バスケットボール物語』）

バスケットボールが女性に普及していった背景には、とある女性教師の貢献があった。スミス・カレッジの体育ディレクターを務めたセンダ・ベレンソンである。彼女は、ネイスミスからゲームの詳細を聞き取り、スミス・カレッジの女子学生がバスケットボールをプレーするための研究に没頭した。一八九三年、ベレンソンはスミス・カレッジで女子学生のバスケットボールの試合を開催する。参加者たちは、スカートを脱ぎ捨て、当時はまだ下着のような扱いだったブルマー姿でプレーしたため、この試合は男性には非公開で行われた。

その後、スミス・カレッジを追いかけるように、全米各地の女子大学でバスケットボールが次々と採用されていく。普及の過程で、ネイスミスの考案したゲームを女性用に改変したバスケットボールが登場する。ニューカム・カレッジのクララ・ベイアは、男性が行う激しいバスケットボールに修正を加え、コートを三つに区画するディビジョン・ラインを思いついた。すなわち、三区分されたコートにそれぞれ一定数のプレーヤーを配置し、そのラインを超えてプレーできないルールにすることで、女性に不向きだと思われた激しい運動量や暴力性を抑え込んだのである。それまで比較的おしとやかなスポーツをしていたアメリカの女性たちは、バスケットボールをきっかけに活発なスポーツにも進出するようになっていった。

女性用にルールが改変されたバスケットボールは、各国の女子スポーツ界にも受け入れられた。イギリスでは、バスケットボールは〝女子のスポーツ〟として導入されたほどである。日本でも類似の現象が生じているが、それは第二章で取り上げることにしたい。

こうして、男女に向けて急速に普及したバスケットボールは、現在、男女あわせて世界最大級の競技人口を誇っている。アメリカの四大スポーツといえば、野球、アメリカンフットボール、アイスホッケー、バスケットボールを指すが、このうち早くから女性を吸収したバスケットボールは、他の三つのスポーツとは発展の経緯が異なる。

すべては観客のために!?　～相次ぐルール変更～

バスケットボールの最初のルールは、ネイスミスが苦悩の果てに生み出した〝一三条のルール〟である。その後、一三条のルールは『ザ・トライアングル』誌に掲載され、ＹＭＣＡのネットワークを通じて全米に広まっていく。

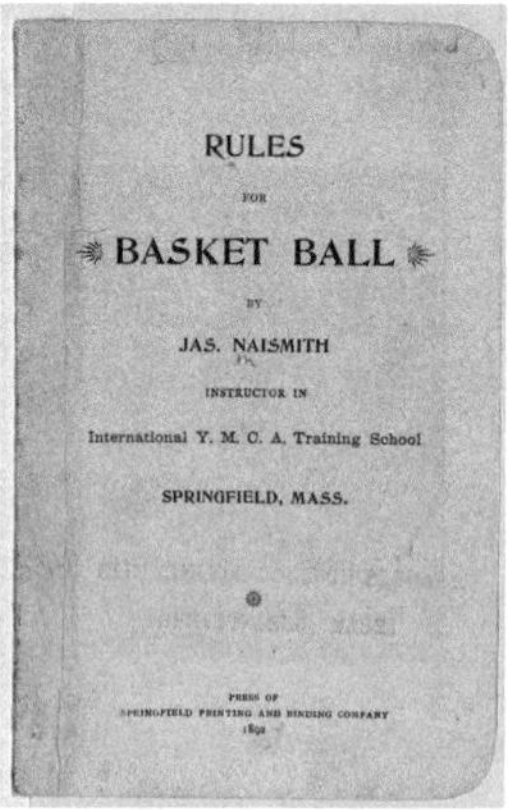

最初のルールブック
（Rules for Basket Ball）

最初の公式ルールブックが発行されたのは一八九二年のことである。スプリングフィールドでＹＭＣＡの書籍発行を請け負っていたトライアングル社が発行元となった。

その後、しばらくの間、ルールの改訂作業はネイスミスやギューリックを中心にバスケットボールの生みの親であるＹＭＣＡに委《ゆだ》ねられていたが、バスケットボールが急速に普及したため、ＹＭＣＡの管轄下にない団体は独自のルールで競技を行っていた。そこで、ギューリックの発案により、ＹＭＣＡの枠を超えた「合同バスケットボール委員会」の設立が呼び掛けられ、統一ルールの制定へと向かう。

一八九五年、ＹＭＣＡはルールの運営業務をＡＡＵ（Amateur Athletic Union）に委譲

WISCONSIN-OHIO GAME 1916—"L" DEFENSE FORMATION

1916年のウィスコンシン大学とオハイオ大学の試合
(Meanwell：Basket Ball for Men)

することになった。バスケットボールが想像を超えるスピードでアメリカ社会に波及し、多様な発展を見せたことがその理由である。ＹＭＣＡはキリスト教信仰を通じて人びとに健康増進の拠点を提供すべく活動を展開する団体だったが、とどまるところを知らないバスケットボール人気はやがて営利目的のプロ興行を生み出すことになる。これに強い懸念を抱いたＹＭＣＡは、組織本来の宗教的な目的の妨げになると判断し、ＡＡＵにその運営業務を託すことになった。[14] アマチュアリズムの遵守《じゅんしゅ》を掲げるＡＡＵは、その後、長きにわたってバスケットボールのプロ化に目を光らせる番人の役割を担う。

初期のバスケットボールのルールは頻繁に変わっていくが、前述のように、バックボードは熱狂的な観客と折り合いをつけるために誕生したし、得点のカウント方法の変遷やフリースロー誕生の背景にも、観客の存在が意識されたことは間違いない。つまり、バスケットボールのルールの多くは、〝観客のために〟変更されてきたと考えてよい。

とくに、一九三〇年代は今日に連なるルール変更が相次いだ。バスケットボールの競技レベルが上がり強固なディフェンス戦術が生まれると、オフェンス側はそう簡単にはゴール下に攻め込めなくなる。すると、いったんリードしたチームは、わざわざ確率の低いシュートを打たずに、ひたすらバックコートでパスを回して時間を浪費する作戦（ストーリング）に出た。これではバスケットボールの魅力である素早い展開は生まれず、観客も離れていく。そこで、一九三二年にストーリング対策として、ボールを保持したチームは一〇秒以内にフロントコート（ハーフラインを挟んで自チームがシュートする側のコート）にボールを進めなければならないと定められた。現在の国際ルールでは、この秒数は八秒に短縮されている。

一九三五年には、ゴール下に居座る長身プレーヤーがいとも簡単に得点する状況を解消するために、オフェンス側がゴール下の制限区域内に三秒以上とどまることが禁じられた。

また、当初のバスケットボールはゴール成功後にプレーが止まり、センタージャンプでゲームが再開されていた。このルールは一九三七年に廃止され、シュート成功後もプレーが中断されないアップテンポな競技特性が備わり、さらに観客を熱狂の渦に巻き込んでいく。

初期のバスケットボールのルール変更の経緯を見ると、まるで観客離れを食い止めるかのごとく、観客の主張を取り込みながら成長を遂げていった跡がうかがえる。この傾向は今日に至っても変わらない。観客の意見を吸い上げながら改良を重ねたバスケットボールが、観る者を惹きつける魅力を持っているのは当然なのである。

時代の申し子としてのバスケットボール

一九世紀末から二〇世紀前半にかけて輪郭が形成されていったバスケットボールは、当時のアメリカ社会を象徴するような特徴を持っていた。このことを鈴木透《すずきとおる》は『スポーツ国家アメリカ』（中公新書）のなかで次のように説明している。

ネイスミスは、ボールを持って走ることを禁じ、パスでボールを素早く動かすことを推奨したが、これはボールの独占がもたらす膠着《こうちゃく》状態を阻止する「独占禁止法」的な発想にもとづく。また、一〇秒ルールの制定やセンタージャンプの廃止によるスピーディなゲーム展開は、得点への意識を強調することにつながるが、それは産業社会の精神と通底する「成果の最大化」の発想と関係している。さらに、無制限にメンバーチェンジができるバスケットボールは、誰でも何度でも挑戦できるという「機会均等」の発想を想起させる。つまり、バスケットボールは、当時のアメリカ社会を象徴する時代の申し子として産み落とされたがために、人びとに共感を持って受け入れられたというのである。

バスケットボールは、近代アメリカ社会の事情を色濃く反映しながら成長を遂げたと筆者も考えたい。スポーツは、それが行われる社会の影響を逃れることはできないのである。

NBAの誕生

バスケットボールの運営組織がYMCAからAAUに移り、アマチュアリズムの監視下に置かれたことはすでに述べたが、しばらくの間、バスケットボールはアマチュアスポーツとして育っていった。戦前は、社員のレクリエーションを目的にチームを置く大都市の企業が数多く存在したが、やがてハイレベルな実業団リーグが生まれ、企業側も会社の宣伝材料としてチームに投資するようになる。このアマチュアのリーグが、高校や大学で活躍したプレーヤーの受け皿として機能したことはいうまでもない。

競技の成長とともに、バスケットボールを用いて利潤を追求するプロの集団が本格的に生まれてくる。創案当初からバルコニーに見物人を集め、観客の反応を察知しながらルールを変えてきたバスケットボールは、むしろプロの興行に向いていたといっても過言ではない。

一九四六年、プロリーグのＢＡＡ（Basketball Association of America）が誕生し、一一チームが名乗りを上げた。一九四九年にはライバルリーグだったＮＢＬ（National Basketball League）の吸収に成功し、一七チームの加盟のもとＮＢＡ（National Basketball Association）という名称で再出発をきる。

ところで、日本人として初めてＮＢＡプレーヤーになったのは田臥勇太（二〇〇四年）だが、ＮＢＡの誕生前夜、日系二世のプレーヤーがＢＡＡの舞台に立っていた。その名も三阪亙《みさかわたる》。通称「ワット・ミサカ」として活躍したプレーヤーである。

Knick Knacks
PUBLISHED BY THE KNICKERBOCKER PROFESSIONAL BASKETBALL TEAM • MADISON SQUARE GARDEN
November, 1947

Whiz Kids, Hoffman, Ehlers Now in BAA

New Aces in Loop Include Crossin, Huston, Rocha

By LESTER SCOTT

Champs Here On Nov. 22

Paul Huston　Jack Tingle

Lapchick Has Long Record Of Success as Cage Coach

By GEORGE SULLIVAN

三阪亙の活躍を報じる新聞記事
（五味『日系二世のNBA』）

広島県出身の両親を持つ三阪は、オクデン高校時代からポイントガードとして頭角をあらわし、ユタ州立大学では全米大学体育協会が主催するＮＣＡＡトーナメントと、全米大学バスケットボールの招待試合であるNITの両方で優勝を成し遂げる。一九四七年、三阪は誕生して間もないBAAのニューヨーク・ニッカボッカーズに鳴り物入りで入団した。しかし、三試合に出場しただけで、開幕から約三週間で解雇を言い渡される。三阪が解雇された真の理由は定かではないが、日本にルーツを持つプレーヤーが初期のプロバスケットボールの世界に参戦するにあたっては、多くの障壁があったに違いない。

なお、三阪の半生については、五味幹男《ごみみきお》著『日系二世のNBA』[15]に詳しい。

バスケットボールの世界への拡散

バスケットボールの魅力はアメリカ国内にとどまらず世界中に広まっていく。それを手助けしたのは海外のYMCA組織だった。日本への伝播と普及にもYMCAが大きく関与している。

しかし、バスケットボールが世界中に拡散していくうえで、大きなポイントになったのが第一次世界大戦である。バスケットボールはヨーロッパに向かうアメリカ兵たちの体力増強の手段としても大いに役立てられた。適度な運動量が確保され、広い敷地を必要としないバスケットボールは、戦場に赴《おもむ》く軍艦の上でも行われたという。さらに、アメリカ兵が戦地でバスケットボールをプレーしたことで、それを観た現地の人びとにも魅力が広まった。アメリカ軍の行くところ、バスケットボールが伝わっていったのである。

バスケットボールは武力とともに海外に運ばれた側面があることも忘れてはならない。サッカー、ラグビー、クリケットなど、大英帝国が生んだスポーツが植民地主義の拡大とともに世界中を駆け巡ったように、スポーツの普及と戦争はどうしても不可分の関係にある。

1　鈴木透『スポーツ国家アメリカ』中央公論新社、二〇一八、p.68
2　小田切毅一『アメリカスポーツの文化史』不昧堂出版、一九八二、p.260
3　ネイスミス著、水谷豊訳『バスケットボール　その起源と発展』日本ＹＭＣＡ同盟出版局、一九八〇、p.41
4　水谷豊『バスケットボール物語』大修館書店、二〇一一、p.35
5　ネイスミス著、水谷豊訳『バスケットボール　その起源と発展』日本ＹＭＣＡ同盟出版局、一九八〇、pp.73-75
6　Naismith:BASKET BALL, The Triangle, vol.1, No10, The Triangle Publishing Company, 1892, pp.144-147

7 Grasso:Historical Dictionary of Basketball, Rowma & Littlefield, 2011, p.5
8 Cooper and Sidentop：The theory and science of basketball, Lea & Febiger, 1969, p.12
9 輿水はる海「石川源三郎研究」『お茶の水女子大学人文科学紀要』三五巻、一九八二、p.142
10 ネイスミス著、水谷豊訳『バスケットボール その起源と発展』日本ＹＭＣＡ同盟出版局、一九八〇、p.201
11 大川信行「バスケットボールのフリースローに関する史的考察」『スポーツ史研究』一七号、二〇〇四、p.17
12 Naismith:BASKET BALL, The Trianglevol.1, No10, The Triangle Publishing Company, 1892, p.146
13 鈴木透『スポーツ国家アメリカ』中央公論新社、二〇一八、pp.73-74
14 川島浩平「バスケットボールと『アメリカの夢』」『個人と国家のあいだ〈家族・団体・運動〉』ミネルヴァ書房、二〇〇七、p.171
15 五味幹男『日系二世のＮＢＡ』情報センター出版局、二〇〇七

第二章

日本への伝来

日本人が知らなかった「時間」という観念

近代アメリカ社会で巻き起こったバスケットボールの流行の波は、ほどなくして日本にも到達する。それは、欧米産の近代スポーツが続々と海を越えて伝来するのと軌を一にしていた。しかし、日本人が運動競技と出会ったのは明治期が初めてではない。遥か太古の昔から、日本列島は多種多様なスポーツで彩られていた。古代には貴族が、中世には武士が、近世には庶民が主な担い手となり、日本の伝統的なスポーツの世界を創り上げてきたのである。[1]

前近代の日本人は球技も好んだ。古代の貴族は大陸から輸入した蹴鞠《けまり》や打毬《だきゅう》（馬上ホッケー）に熱中し、庶民は毬杖《ぎっちょう》（グランドホッケー）で遊んでいる。中世には蹴鞠が武士の嗜《たしな》みとなり、貴族社会で生まれた羽根つきは庶民層にも定着する。近世になると徳川吉宗の時代に古代の打毬を改良した武家の球技が生まれ、庶民は蹴鞠や手鞠を自由気ままに楽しんだ。

もちろん、近代以前の日本社会に今日のような競技スポーツの世界があったわけではない。しかし、長きに及んでボールを使った遊びに親しんできたという点で、欧米産の球技を受け入れる素地は、明治初期の段階で整っていたといえよう。

日本古来の球技には、バスケットボールの技術や競技形態の特徴を断片的に備えたスポーツも存在した。女児が楽しんだ手鞠はバスケットボールのドリブルと近いものがあるし、紀州徳川家の打毬のゴールはバスケットボールと同じく頭上の水平面に取り付けられていたからである。

しかし、個人技としての手鞠はノーミスでボールを連続的にバウンドさせることを目指すが、バスケットボールのドリブルはディフェンスからボールを守る手段として生まれた。また、紀州徳川家の打毬も手に持ったスティックでボールを扱うという点で、素手でプレーするバスケットボールとは区別しなければならない。とはいえ、バスケットボールに近いボール操作やゴールの形態を、明治以前の日本人が知っていたという事実は興味深い。

バスケットボールの移入にあたって障壁になったと思われるのが、「時間」の観念である。明治以前の日本では、太陽の位置を基準とする不定時法が用いられ、同じ「一刻」でも季節によって長さが異なった。近世にも公共用時報としての寺の鐘や時の鐘によってアバウトな時間を知ることはできたが、個人による時間管理は発達していない。したがって、明治以前の日本人は、「一五分ハーフ」「一〇分×四クォーター」「二四秒以内」など、バスケットボールの根幹を成すような、細かく裁断された時間制限など知る由《よし》もなかったのである。

このように、明治を迎えた時点の日本はスポーツ不毛の地ではなかったが、バスケットボ

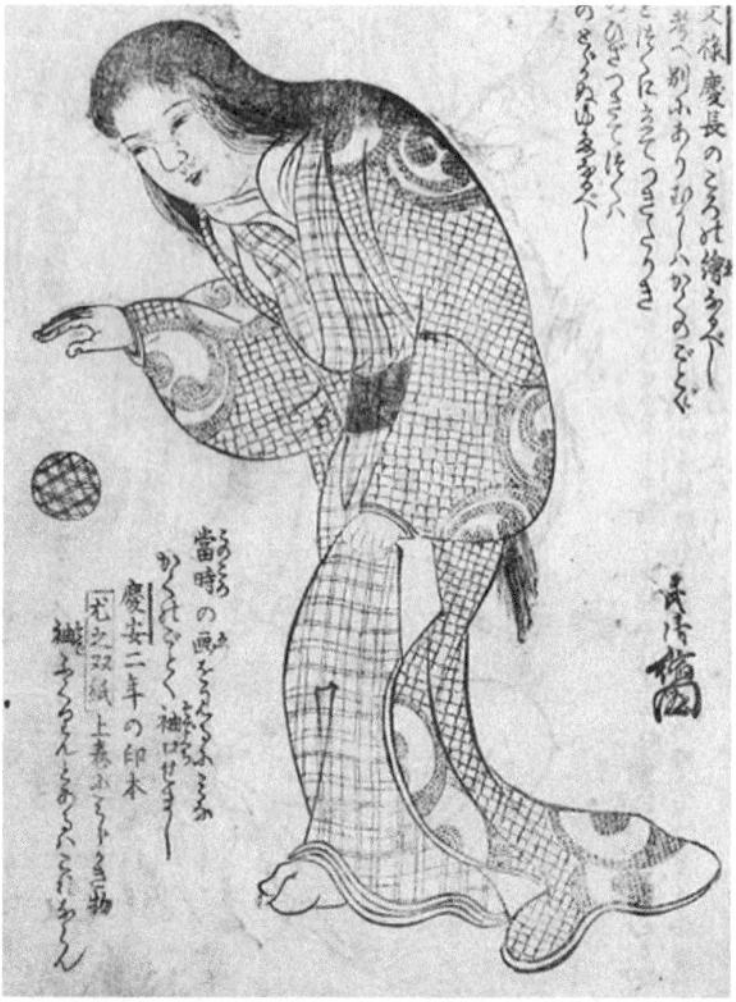

女児の手鞠（『骨董集／上編』九州大学中央図書館所蔵）
出典：国書データベース
https://doi.org/10.20730/100335887

紀州徳川家の打毬（『赤坂御庭図画帖』）

ールを移入するにはそれなりのハードルがあったと理解しなければならない。

成瀬仁蔵による女子競技としての移入

日本のバスケットボールは、男子に先行して女子競技として早々に移入された。

日本で最初の女子バスケットボールの紹介者は、教育者の成《なる》瀬《せ》仁《じん》蔵《ぞう》である。明治二四年（一八九一）に渡米した成瀬は、有名女子大学のスミス・カレッジやウェルスレー・カレッジなどを訪問した。スミス・カレッジでは、女子バスケットボールの考案者のセンダ・ベレンソンと交流を持った可能性もある。また、留学中には、ネイスミスとともにバスケットボールの創案に関わったギューリックとも面会したという。

成瀬仁蔵
（日本女子大学 HP より）

明治二七年（一八九四）に帰国した成瀬は、アメリカの女子大学で学んだ女性用のバスケットボールを持ち帰り、さらに日本の女性向けにアレンジを加えた。同年、梅花女学校校長に就任すると、同校の女学生に「球籠遊戯」という名称で女子バスケットボールを指導している。ここに、日本のバスケットボールが女子スポーツとして萌芽《ほうが》したのである。

さらに、明治三四年（一九〇一）に日本女子大学を設立した成瀬は、同年一〇月二二日に第一回運動会を開き、演目のひとつとして「日本式バスケットボール」を披露した。成瀬考案の日本式バスケットボールとは、どのようなルールだったのだろうか。明治三七年（一九〇四）に行われた第四回運動会のルールからいくつか抜粋してみよう。[2]

まず、ボールは「球（フートボール用の）一個」とあり、サッカーボールで代用したことがうかがえる。ゴールは「籠　二個　紅、白　之を支持する竹棒は長さ二間と定む」とある。つまり、紅白の二個の籠を二間（約三・六メートル）の竹棒の先に取り付けてゴールとした。当時の日本ではバスケットボールは屋外でプレーしたため、ゴールはアメリカのようにバルコニーに取り付けるのではなく、支柱にぶら下げる方法が採用されたのである。

しかも、この支柱は攻撃側のプレーヤーの一人が持って立つことになっていて、プレー中に傾けることも可能だった。つまり、支柱係はゴールインしたボールを取り出しやすくするためだけではなく、味方のシュート成功率を高めるために巧みに支柱を動かす役割も担っていたといえよう。ここに、成瀬による女子バスケットボールの日本的改良の跡が見られる。

次に、「戦場は之を三分し」とあり、コートが三区分されていたことがわかる。各チームの人員は三区分されたコート上に配置され、「前中後の三軍は、各其区域外に出づるべからず」と定められ、エリア外に出てプレーすることは禁じられた。この点は、アメリカの女子バスケットボールに見られたディビジョン・ラインの考え方を忠実に再現している。

成瀬が定めたルールのなかには、素早くパスをつないでボールを動かすことを奨励し、ボールのつかみ合いを禁じてラフプレーを抑制しようとする項目も見られる。なお、競技時間は一五分間で、今日と同じく、試合終了時点で得点が多いチームが勝者となった。

このように、成瀬仁蔵の「日本式バスケットボール」は、アメリカの女子バスケットボールのコンセプトを踏襲しながら、成瀬流のアレンジを加えた競技だったのである。

渋沢栄一邸で行われた〝日本式バスケットボール〟

成瀬仁蔵の日本式バスケットボールが公の場で初披露されたのは、日本女子大学の第一回運動会だった。実は、この第一回運動会は、日本女子大学の校舎から一里（約三・九キロメートル）ほど離れた、王子飛鳥山（東京都北区）の渋沢栄一《しぶさわえいいち》の邸宅で行われている。当日は、職員や生徒が約五〇〇名参加し、渋沢の好意で茶菓子が出される接待もあり、運動会は盛会

第１回運動会の日本式バスケットボール
（日本女子大学 HP より）

だったという。

第一回運動会の最大の呼び物は日本式バスケットボールだった。全校生徒のなかから選抜された五〇名が参加し、紅白の両チームに分かれてゲームが行われた。両軍とも本番までに訓練を重ね、学内で練習試合もこなしたという。迎えた当日、白軍は密かに特訓してきた陣形を敷いて赤軍を翻弄し、この歴史的な試合の勝者となる。[3]

第二回以降、運動会の舞台が日本女子大学の校舎へと移ってからも、日本式バスケットボールは終盤を飾るクライマックスの競技として格別の人気を誇った。大正九年（一九二〇）の第一四回運動会以降は、「日本式バスケットボール」と「西洋式バスケットボール」の両方が演目に組み込まれていることから、今日のバスケットボールに近いかたちの競技も披露されるようになった可能性がある。

女性バスケットボール指導者のパイオニア、井口阿くり

成瀬仁蔵より少し遅れて、バスケットボールの移入と普及に大きく関わった女性指導者が井口《いのくち》阿《あ》くりである。明治三二年（一八九九）、文部省留学生として渡米した井口はスミス・カレッジで学び、女性用バスケットボールの生みの親であるセンダ・ベレンソンと出会い、本場の女子バスケットボールを吸収した。その後、ベレンソンのすすめでボストン体操師範学校でも二年間を過ごしている。

明治三六年（一九〇二）に帰国した井口は、女子高等師範学校の教授として国語体操専修科の学生にバスケットボールを指導し、女子高等師範学校付属高等女学校の学生にもバスケットボールの手ほどきをする。また、東京府教育会女子体育部長として講習会を開き、アメリカ仕込みの女子バスケットボールを指導したという。[4]

井口阿くり

とくに、井口が教員養成校としての女子高等師範学校で教えたことには大きな意味があった。同校の女学生たちは、卒業後は教員として全国各地に散らばり、井口直伝の女子バスケットボールを女生徒た

ちに広めていったからである。したがって、女子バスケットボールの普及に果たした井口阿くりの役割は大きい。

女子バスケットボールの普及

成瀬仁蔵や井口阿くりなどの先駆者たちの働きかけが実り、明治三〇年代以降、全国の多くの女学校で女子バスケットボールが行われるようになった。

この時期にバスケットボールが日本中の女学校に普及した理由のひとつは、服装の変化に求めることができる。明治三〇年代頃まで、日本の女学生は和装の着流しで運動していた。そのため、裾《すそ》がはだけて肌を露出しないように気を付ける必要があり、激しい運動などできるはずもなかった。それが、明治三〇年代には女性は袴《はかま》をつけて運動するようになり、裾の乱れを気にせずに活発な運動が可能になる。女性の着袴は伝統的な女性観との対立から議論を呼んだが、衛生上、活動上、発育上の点から次第に認められていった。[5] 女子バスケットボールが普及しはじめたのも、ちょうどこの頃である。女性の運動服が着流しから袴へと移行したことが、女子バスケットボールの普及を後押ししたといえよう。

明治四〇年代になると、キリスト教主義の女学校同士で対抗戦がはじまる。明治四二年

（一九〇九）一二月一一日には、大阪の梅花女学校とウヰルミナ女学校のバスケットボールの試合が行われた。翌年、梅花女学校はバスケットボールの試合をするために神戸女学院まで遠征を敢行する。[6] 対抗戦の実施は、各校独自のローカルルールではなく、両校の合意のもとで競技を行うための共通ルールが整備されはじめたことを意味していた。

こうして、女子競技としてのバスケットボールが先行したため、日本ではしばらくの間、バスケットボールは女子のスポーツだと見なされた。新聞紙面の記事内容から見ても、日本にバスケットボールが移入された明治後半から大正初期まで、新聞はバスケットボールを「女性の」あるいは「女性がする」競技として表象していたといわれる。[7]

例えば、明治四〇年（一九〇七）四月二三日付の読売新聞には、「今の女學生の体育」という見出しで次のような記事が掲載された。

「バスケツトボールは各女學校に普及せぬ、（中略）此の遊技は運動としては遥かにテニスなどよりも有益で興味も多い、そして多人数（双方合して十六人）が同時に遊ぶ事の出來る遊技であるから實益と趣味では遥かにテニス等に優つて居る」[8]

当時のバスケットボールは、女学校の体育教材として高く評価されていたことがわかる。

大森兵蔵
（公益財団法人 YMCA）

バスケットボールを持ち帰った大森兵蔵

ネイスミスが考案したバスケットボールを日本に初めて伝えたのは大森《おおもり》兵蔵《ひょうぞう》である。

東京高等商業学校（現・一橋大学）を卒業後、明治三四年（一九〇一）に渡米した大森は、スタンフォード大学を経て、明治三八年（一九〇五）より国際ＹＭＣＡ訓練学校に在学した。同校に留学中の大森は、バスケットボールを含む各種のスポーツ実技や運動生理学、測定評価、運動処方、衛生学、健康診断法、体育史、体育哲学、体育経営管理、文献研究法などを学び、当時としては最先端の知識や技能に接触している。[9]

帰国後の明治四一年（一九〇八）、東京ＹＭＣＡの初代体育主事として迎えられると、会館の裏の空き地でＹＭＣＡの会員にバスケットボールを教えたという。[10]このことから、大森兵蔵を日本で最初のバスケットボールの紹介者として位置付けた例は多く、日本体育協会（現・日本スポーツ協会）や日本バスケットボール協会もこの説をとってきた。[11]本書では、大森兵蔵よりも成瀬仁蔵の方が早期にバスケットボールを日本に導入したという立場をとるが、成瀬が女子用に改良されたバスケットボールを持ち帰ったのに対して、今日の私たちが知るバスケットボールを日本に初めて伝えたのは誰かという話になれば、その地位は大森に与えられるべきだろう。

大森兵蔵はアメリカのＹＭＣＡで学んだバスケットボールを日本に伝えたが、これを普及させるまでには至らなかった。当時は、日本ＹＭＣＡ同盟はまだ体育事業に力を入れていなかったため、時期尚早だったということだろうか。

この頃には、すでに女子バスケットボールが全国の女学校に根付いていたが、それとは異なる「男性が行う」球技として、大森は日本にバスケットボールを紹介した。当時、大森のすすめでバスケットボールをプレーした男性たちにしてみれば、すでに日本に定着していた女子スポーツとしてのバスケットボールを、かたちをかえて自分たちが行うことに違和感を覚えたとしても不思議ではない。大森が手ほどきするバスケットボールは、すでに地位を固めていた女子バスケットボールと出自を同じくしながらも、それとは別物の男性的なスポーツとして伝えられたのではないだろうか。

その後、大森兵蔵は、明治四五年（一九一二）に日本が初参加したストックホルム・オリンピックで日本代表選手団の監督として帯同するが、帰国途中に重い肺病のため三六歳の若さで逝去《せいきょ》した。

このように、大森はネイスミスが考案したバスケットボールを日本人が受容するための種を蒔《ま》いたが、その本格的な移入と定着は大正時代を待たねばならない。

学校体育教材への採用

明治以降の日本で近代スポーツ摂取の旗振り役となったのが学校である。明治五年（一八七二）の「学制」発布以降、正課ないし課外体育の教材として、欧米から伝来した各種のスポーツに大きな期待が寄せられる。

大正二年（一九一三）、「学校体操教授要目」が文部省訓令第一号として公布され、教科体育の教材の中身や年次配当の方向性が示された。適用の対象は、小学校、師範学校、中学校、高等女学校である。要目に取り上げられた体育教材はスウェーデン式の体操が中心だったが、「競争ヲ主トスル遊戯」のなかには徒競走やフットボールとともにバスケットボールが採用されている。しかし、そこでいうバスケットボールとは、ネイスミスが考案した競技とは異なっていた。

例えば、要目の制定を意識して出版された『体操教授要目に準拠したる新定遊戯』という書物に登場するバスケットボールは、最終的にシュートする役割のプレーヤーが限定されるなど現在のバスケットボールとは大きくルールが異なり、女子に相応しい教材であるとの注意書きもある。[12]「学校体操教授要目」に採用されたバスケットボールとは、すでに全国の女学校に普及していた女子バスケットボールを念頭に置き、それを簡易化した体育教材がイメージされていたのではないだろうか。

　とはいえ、この時点でバスケットボールが学校体育の教材に選ばれたことには大きな意味があった。その後、日本では学校を中心にスポーツの普及や振興が図られていったため、どういうかたちであれ、学校のなかにバスケットボールが入り込んだことで、その存在を国内に一躍広めるチャンスが到来したからである。

ＹＭＣＡの日本進出

　第一章で述べたように、アメリカのＹＭＣＡは人びとに心身の健康増進の拠点を提供すべく事業を拡大していったが、その波は明治期の日本にも及んでいた。以下、日本各地のＹＭＣＡの設立と展開について、服部宏治《はっとりこうじ》の研究から整理しておこう。[13]

　日本で最初のＹＭＣＡは、明治一三年（一八八〇）に東京の京橋区に設立された東京ＹＭ

CAである。当初の活動は宗教的な演説や伝道集会だったが、組織的な不備と財政難のために活動は停滞していた。やがて、北米YMCA同盟の資金援助によって明治二七年（一八九四）に会館が建設されるが、日本YMCA同盟が体育事業に舵を切る明治末期まではスポーツ活動に力を入れることはなかった。大正六年（一九一七）に会館拡張により屋内総合スポーツ施設がオープンすると、それを利用した事業が展開されていく。

大阪YMCAは、明治一五年（一八八二）に大阪市内のキリスト教信徒の有志によって天満教会仮会堂に設立される。そこでは、学術演説会や宗教演説会が毎月のように開かれ、キリスト教の布教活動が積極的に行われた。大阪の会館建設は東京よりも早い明治一九年（一八八六）である。大正五年（一九一六）には会館のホールにバスケットゴールが設置されたという。これと合わせて、毎週土曜日には中之島運動場でバスケットボールやバレーボールなどを実施していた。

横浜YMCAは、明治一七年（一八八四）に横浜海岸教会の青年信徒たちによって設立され、キリスト教伝道のための集会や演説が開かれた。大正五年（一九一六）に完成した会館は当初から講堂と兼用の屋内スポーツ施設の機能を持ち、そこでバスケットボールやバレーボールが行われている。

神戸ＹＭＣＡは、渡米経験者らによって明治一九年（一八八六）に設立され、聖書研究会を活動の柱として寄宿舎を開設した。大正二年（一九一三）には講堂を兼ねた屋内スポーツ施設が設置される。そこでは、アメリカのＹＭＣＡへの留学から明治四四年（一九一一）に帰国した宮田守衛《みやたもりえ》が体育担当スタッフとしてバスケットボールを教えていた。

京都ＹＭＣＡは、明治二二年（一八八九）に設立された。明治四三年（一九一〇）には屋内スポーツ施設を備えた会館が完成し、翌年には体育部が創設されている。明治四二年（一九〇九）にはウィスコンシン大学のバスケットボールチームでプレーした佐藤金一《さとうきんいち》が帰国し、大正四年（一九一五）に京都ＹＭＣＡの会員となる。佐藤は京都ＹＭＣＡのバスケットボールチームを編成し、コーチ兼プレーヤーとして指導にあたった。

このように、各地のＹＭＣＡは、会館の建設や拡張にともない屋内スポーツ施設を備えるようになり、日本が本格的にバスケットボールを受容するための拠点を築き上げていく。

F・H・ブラウンの来日

大正期になると、ネイスミスが考案したバスケットボールが本格的に日本に伝えられることになった。その中心人物がアメリカからやってきたＦ・Ｈ・ブラウンである。

F.H. ブラウン
（公益財団法人東京 YMCA）

明治四五年（一九一二）、日本ＹＭＣＡ同盟の第四回総会で体育事業の振興を決議し、北米ＹＭＣＡ同盟に対して体育主事の派遣を依頼することになった。これを受けて、本場アメリカから送り込む専門家として白羽の矢が立ったのがブラウンだったのである。

大正二年（一九一三）に来日したブラウンは、日本各地のＹＭＣＡを視察した後、北米ＹＭＣＡに向けて日本の体育施設の現状を次のように報告した。東京ＹＭＣＡには会館の空き地に多少の施設があるだけで、横浜ＹＭＣＡにはそれもない。京都ＹＭＣＡでは小規模な体育館でバスケットボールと柔道が行われていて、神戸ＹＭＣＡは新築の体育館のなかにバスケットボールのゴールだけが設置されている、との評価である。[14]

もともと、ブラウンに与えられた使命は日本全国のＹＭＣＡの体育事業を監督することだったが、こうした国内事情から、まずは設備の整っていた関西地区からバスケットボールの指導にあたることになった。ブラウンは大正四年（一九一五）に神戸ＹＭＣＡに着任し、二年後に東京ＹＭＣＡに体育館が完成するまでの間、神戸を拠点に大阪と京都のＹＭＣＡにも本場仕込みのバスケットボールを広めていく。

前述したように、京都ＹＭＣＡには佐藤金一が、神戸ＹＭＣＡには宮田守衛がいて、アメリカ留学から持ち帰ったバスケットボールを教えていたため、関西地区は日本にネイスミス由来のバスケットボールを根付かせるには最適なエリアだったといえよう。一方、大森兵蔵が初めてバスケットボールを持ち込んだ東京は、その普及という点では関西よりも大きく遅れをとることになった。

こうして、それまでの女子競技としてではなく、現行競技に連なる本格的なバスケットボールが日本にもたらされた。Ｆ・Ｈ・ブラウンは、日本のバスケットボールが全国規模で発展するきっかけを築いた功労者として評価されている[15]。

国際大会デビュー

日本のバスケットボール界が初めての国際大会を経験したのは、大正六年（一九一七）に東京の芝浦で開催された第三回極東選手権だった。

極東選手権とは、フィリピン、中国、日本を主な参加国とした国際的なスポーツ競技会である。第一回は大正二年（一九一三）にマニラで行われたが、日本は二人の長距離ランナーと明治大学野球部の派遣にとどまった。大正四年（一九一五）に上海で開催された第二回には、陸上競技八名、水泳一名、テニス一名が参加している。

第三回の開催国は日本で、大正六年（一九一七）に東京の芝浦で大々的に競技会が開かれた。これが日本で初めて開催された本格的な国際スポーツ競技会である。

この大会では日本の多くのスポーツ競技が国際大会デビューを飾ったが、バスケットボールもそのひとつだった。極東選手権が東京に決まると、大正五年（一九一六）五月に大阪で日本オリンピック大会が大阪毎日新聞社の主催で開かれ、佐藤金一率いる京都ＹＭＣＡチームが優勝を果たす。その後、大正六年（一九一七）三月に京都ＹＭＣＡと神戸ＹＭＣＡとの間で極東選手権の代表チーム決定戦が行われ、勝利した京都ＹＭＣＡが代表の座に就いた。

このように、極東選手権のバスケットボール日本代表は京都ＹＭＣＡの単独チームで出場することになったが、ほかにも野球は早稲田大学、サッカーは東京高等師範学校（現・筑波大学）が単独で参戦した。いまだ、各競技の国内統括団体の整備が不十分で、日本全国から優秀な選手を募って選抜チームを構成するまでには至らなかった実情が見えてくる。

同年、極東体育協会が編集した『バスケット、ボール規定』[16]というルールブックが佐藤金一の訳で出版された。極東体育協会と大日本体育協会が採用したバスケットボールのルールが和英文で掲載されている。海外のチームと対戦するにあたって、極東選手権で採用される統一ルールを共有しておく必要があったのである。

迎えた極東選手権の本番、初戦の中国戦は二二対五六、続くフィリピン戦は一四対三九のスコアで大敗し、ほろ苦い国際大会デビューとなった。この結果を重く受け止めた佐藤金一率いる京都ＹＭＣＡチームは、日本代表としての不振に責任を感じ、閉会式に出席せずに足早に京都へ帰ったという。[17]

この極東選手権の後、大正六年（一九一七）一一月に東京ＹＭＣＡに日本初の室内総合体育館が建てられると、Ｆ・Ｈ・ブラウンは東京ＹＭＣＡチームを編成し、バスケットボールの指導に本腰を入れるようになった。同チームは、ブラウンの指導や在留アメリカ人チームとの合同練習を重ねて急成長を遂げ、関西遠征で京都ＹＭＣＡを撃破する。大正一〇年（一九二一）に上海で開かれた第五回極東選手権には東京ＹＭＣＡが日本代表として出場するなど、国内最強チームの座は、京都ＹＭＣＡから東京ＹＭＣＡへと取って代わった。

屋外競技としての受容

アメリカで生まれたバスケットボールは、冬季に体育館で実施することを前提に作り出されたが、競技場については日本の場合は少し事情が異なっていた。

明治三七年（一九〇四）、本邦初のバスケットボールの単行書である高橋忠次郎《たかはしちゅうじろう》の『籠毬競技』が刊行される。本書の内容はネイスミスが考案したバスケットボールというよりも、女子バスケットボールを念頭に置いたものだった。高橋が競技場について、「平坦なる芝生地」がベストだと説いているように[18]、日本ではバスケットボールが屋外競技として受容されたことがうかがえる。

それから約一〇年が経過した大正四年（一九一五）、運動具の製造販売業を営んでいた美満津《みまつ》商店は『美満津商店懐中用定価表』[19]という商品カタログを世に送り出した。このカタログのなかで、バスケットボール関連の品々は「戸外運動器械」に分類されている。当時、日本の老舗運動具店だった美満津商店は、バスケットボールを「戸外」つまり屋外で実施する競技として認識していたのである。

だからといって、この時代の日本人はバスケットボールが本来は屋内競技であることを知らなかったわけではない。例えば、大正一四年（一九二五）刊行の『運動競技全書』のなかで、バスケットボールは「元來は屋内に於て行ふものであつたが、日本にはさう云ふ設備が少いので、多く屋外に於て行はれて居る。」[20]と説明されている。球技を存分にプレーできる体育館が少ない日本の内情からして、バスケットボールは屋外競技として受容せざるをえなかったのである。

その後も、日本のバスケットボールは屋外競技として定着していく。昭和八年（一九三三）、大日本バスケットボール協会が招聘したアメリカ・南カリフォルニア大学のジャック・ガードナーとサニー・アンダーソンは、国内各地でバスケットボールを巡回指導した。日本のバスケットボール事情を知ったアンダーソンは、「日本には体育館が非常に少ない。日本の人々にもっとこの競技の面白味を知らせるためには、どんどんコート（体育館）を建設することが急務である」[21]との提言を残している。

アメリカからやってきた彼の目には、日本のバスケットボール界の体育館不足は深刻な欠点に映ったようである。

コート難への対応

大正六年（一九一七）頃の早稲田大学バスケットボール部は、早大高等学院の雨天体操場

東京 YMCA の体育館（公益財団法人東京 YMCA）

で練習を行っていた。しかし、体操用に設計された施設ではバスケットボールを存分にプレーするだけの広さは確保されておらず、「床はアスファルト敷きで天井が低く、ループのあるロングシュートは打てない」状態だったという[22]。東京の大学チームですらこうした状況だったのだから、当時の日本ではバスケットボールが体育館で行う屋内競技として普及する余地はほとんどなかったといえよう。

　当時、東京の大学バスケットボール界でコート難への対処法として流行したのは、東京ＹＭＣＡの会員になってその体育館でプレーすることだった。

　大正一四年（一九二五）に明治大学バスケットボール部を創設した妹尾《せの》堅吉《けんきち》は、全部員が東京ＹＭＣＡの会員になることで雨天時の練習場所を確保したと後に語った。また、昭和二年（一九二七）より東京帝国大学（現・東京大学）籠球部の初代主将を務めた小林《こばやし》豊《ゆたか》は、最初はテニスコートでプレーしていたが、全部員で資金を出し合って東京ＹＭＣＡの会員になり、専用コートで練習できるようになったという。[23] さらに、昭和初期に慶應義塾大学でプレーした上保春雄も、全部員が自己負担で東京ＹＭＣＡに入会し、コート難を脱したと回顧している。[24]

このように、東京ＹＭＣＡに通うことが可能だった一部の大学は、会員登録をすることでコート難に対応していた。彼らは、日本がバスケットボールを屋外競技として受容したからといって、決して屋外のコートに満足していたわけではなく、願わくば体育館でプレーしたいと考え、行動を起こしたのである。

バスケットボールとバレーボール

歴史的に見て、日本のバスケットボールとバレーボールは、アメリカから伝わって以降しばらくの間、姉妹競技のように扱われてきた。その理由は、日本への移入過程で両競技に数々の共通項が見られたからである。

バレーボールは、アメリカのマサチューセッツ州のホリヨークＹＭＣＡでウィリアム・Ｇ・モーガンによって明治二八年（一八九五）に考案された。明治二四年（一八九一）に誕生したバスケットボールは瞬く間に全米に普及したが、バスケットボールは競技のコンセプトとは裏腹に激しいプレーが頻発したため、運動量を抑えた身体接触がないゲームとして、両チームをネットで仕切るタイプのバレーボールが生み出されたのである。

ともにＹＭＣＡから発信された両競技は、日本への移入の過程も似通っていた。明治四一年（一九〇八）に大森兵蔵が東京ＹＭＣＡにバスケットボールを持ち込んだ際、一緒にバレーボールも紹介しているからである[25]。

日本に本格的な意味でバレーボールを根付かせた人物も、バスケットボールと同じくＦ・Ｈ・ブラウンだった。ブラウンは各地のＹＭＣＡでバスケットボールとともにバレーボールも指導し、両競技の普及に尽力している。

共通項はそれだけではない。なんと、初の国際大会では、バレーボール競技にバスケットボール選手が出場していたのである。大正六年（一九一七）に東京で開かれた第三回の極東選手権大会に向けて、Ｆ・Ｈ・ブラウンがバレーボールの日本代表チームの編成を任されたが、当時の日本にはバレーボールを専門的に行う者がいなかった。そこで、バスケットボールや陸上競技を専門とする選手のなかからバレーボールの経験者を選抜し、いわば〝素人軍団〟で挑んだ事実がある。チームの首脳は、バスケットボールチームのキャプテンでもあった佐藤金一だった[26]。この時、バレーボール日本代表が惨敗したことはいうまでもない。

こうした数々の共通項から、日本ではバスケットボールとバレーボールは対をなす存在として扱われるようになったのである。

バスケットボールをする子どもたち

ここまで、日本の女学校、ＹＭＣＡ、大学で行われたバスケットボールを取り上げてきたが、この魅力あるスポーツは子どもたちにも届いていた。

比較的早い段階で小学生にバスケットボールを指南していたのが山陰地方である。大正末期には、島根県の松江の教師たちによって、小学校の体育教材としてバスケットボールが持ち込まれた[27]。

関東でも、小学校にバスケットボールを伝えようとする流れがあった。それは、大正一二年（一九二三）に発生した関東大震災の復興の時期と重なる。震災後、横浜ＹＭＣＡ体育主事の広田《ひろた》兼敏《かねとし》は、神奈川県や横浜市からの要請を受けて、師範学校の生徒、青年団の指導者、そして学校の教員に対してバスケットボールの講習会を行った。この講習会を通じて県内の学校や企業でバスケットボールチームを結成する動きが加速し、横浜市内の小学校の校庭にバスケットゴールが設置されるようになる。

群馬県では大正一二年（一九二三）に小学校体育指導者講習会が開催され、プログラムのなかでバスケットボールの解説と実技指導が行われている。

バスケットボールが小学校に普及すると、各地で小学生を対象とする大会が開かれるようになった。新潟県では、大正一二年（一九二三）に新潟市内の複数の小学校が集って対抗戦が行われた。また、大正一四年（一九二五）には神奈川県で県下小学校籠球大会が行われ、同年、島根県でも松江体育同好会のメンバーを中心に小学校のバスケットボール大会が開催されている。

埼玉県師範学校バスケットボール部は、昭和三年（一九二八）から県内の小学生の大会を継続して運営するようになり、さらに同部の卒業生らによって昭和六年（一九三一）からは埼玉の入間と熊谷で県下小学校児童籠球大会がはじまる。

当時、日本のバスケットボールでは二〇分ハーフの前後半制を採用していたが、小学生の大会では全体の競技時間を短縮し、クォーター制で行われる場合も多かったという。

鉄道の延伸と全国大会の開催

日本の鉄道は、明治五年（一八七二）に新橋〜横浜間に敷設されたのを皮切りに、急速に

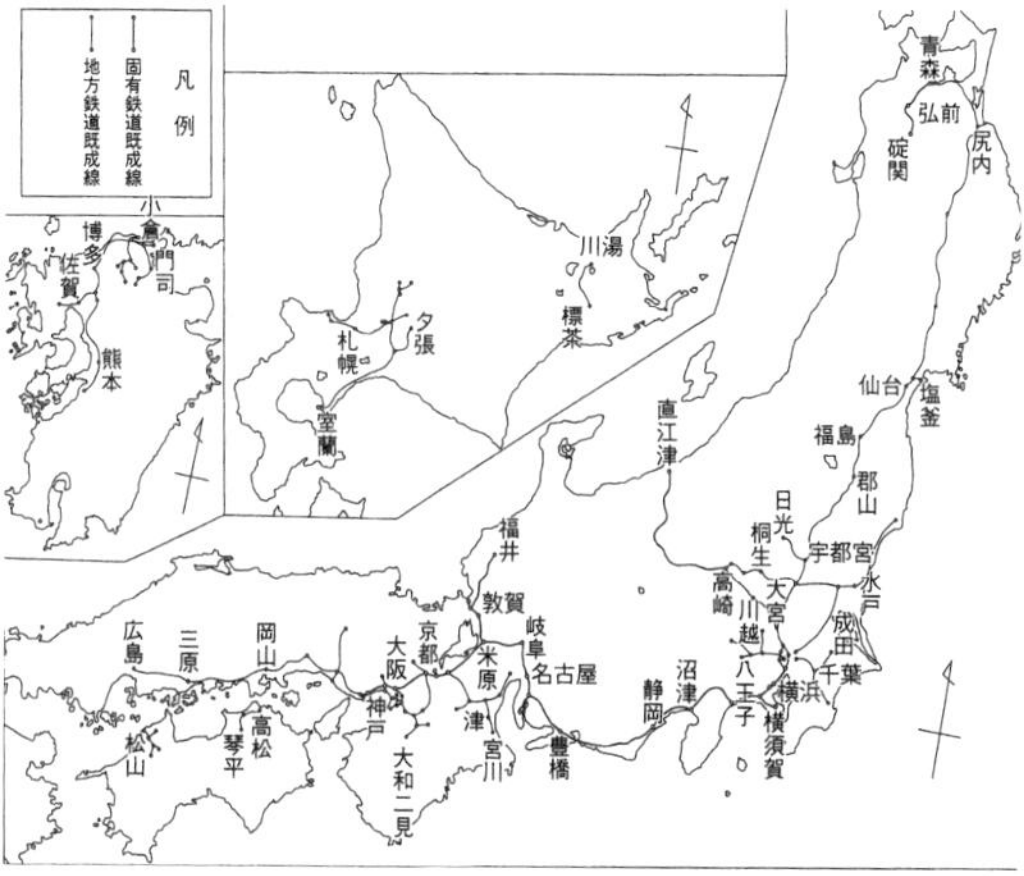

明治30年度末の日本の鉄道網
（『鉄道技術発達史 第二篇 第一』）

国内に延伸した。上の図は、明治三〇年（一八九七）度末の時点で日本国内に敷設されていた鉄道網である。[28] 地域差があったとはいえ、すでに鉄道による全国的なネットワークが形成されていたことがわかる。

鉄道開業の経過の一部を見ると、明治二二年（一八八九）東京〜神戸間、明治二三年（一八九〇）上野〜日光間・草津〜四日市間、明治二四年（一八九一）上野〜青森間、明治二六年（一八九三）上野〜直江津間・津〜宮川間、明治二七年（一八九四）神戸〜広島間・本所〜佐倉間、明治二九年（一八九六）京都〜奈良間、明治三六年（一九〇三）五条〜和歌山間など、概ね明治期のうちに全国に鉄道網が張り巡らされた。

各地を結ぶ鉄道網が広がるに連れて、日本中のプレーヤーが一堂に会して競い合う全国大会の開催要件も整っていく。鉄道によって人の移動がスピーディになると、遠くに暮らす人同士が計画的に集まりやすくなったからである。移動時間の飛躍的な短縮を実現したスピードマシンの登場は、スポーツの歴史から見ても画期的な出来事だったといえよう。

一方、各地域に競技者が存在していても、大会運営を担うまとめ役がいなければ開催にこぎつけることはできない。競技によって多少の違いはあるものの、大半の場合、全国大会の開催と競技団体の設立はセットで企画されたようである。その経過を、『日本体育協会・日本オリンピック委員会100年史』をもとに、球技を例に挙げて確かめてみよう。[29]

サッカーでは大正一〇年（一九二一）に大日本蹴球協会が発足し、その二ヵ月後に「第一回ア式蹴球全国優勝競技会」が開催されている。テニスは大正一一年（一九二二）に日本庭球協会が設立され、同年九月に「全日本男子庭球選手権大会」が開かれた。ホッケーでは、大正一二年（一九二三）に大日本ホッケー協会が発足すると、翌月には「第一回男子全日本選手権大会」が行われている。

バスケットボールでは、独自の競技団体の設立を待たずに全国大会がはじまった。大正一〇年（一九二一）、「男子第一回全日本バスケットボール選手権大会」が東京大学を会場に開催されている。大会の主催者は大日本体育協会だったが、出場チームは東京ＹＭＣＡ、東京ＹＭＣＡ英語学校、横浜ＹＭＣＡ、大阪ＹＭＣＡの四チームで、事実上はＹＭＣＡ内の王座決定戦となった。初代王者には、Ｆ・Ｈ・ブラウンが本腰を入れて指導した東京ＹＭＣＡが輝いている。初期の全日本選手権は、〝全日本〟を名乗るには地域的な広がりも小規模だったが、徐々にバスケットボールをプレーする人びとによる〝日本一決定戦〟へと近付いていった。

以上のように、バスケットボールの全国大会は、鉄道という近代交通の恩恵を受け、さらに他競技の動向からも刺激を受けてはじまったといえよう。

関東大震災がもたらした勢力図の変化

Ｆ・Ｈ・ブラウンによって本格的なバスケットボール競技が伝来してからというもの、日本国内ではＹＭＣＡの時代が続いていた。前述したように、最初は京都をはじめ関西のＹＭＣＡがバスケットボール界を牽引したが、後に最先端の体育館とブラウンの指導を追い風に東京ＹＭＣＡが巻き返しを図り、全日本選手権の初代覇者となる。東京ＹＭＣＡは、そのまま全日本選手権で三連覇を成し遂げ、破竹の勢いで王座に君臨し続けた。

しかし、その勢力図を大きく変える出来事が起こる。大正一二年（一九二三）九月一日の関東大震災である。巨大地震と火災によって、首都圏は甚大な被害に見舞われた。東京YMCAも例外ではなく、バスケットボールチームの活動にも大きな影響が及ぶ。

この年のバスケットボール界を回顧した文章によると、震災で活動拠点の体育館を失った東京YMCAチームは一時解散を余儀なくされ、代わって立教大学が目覚ましい躍進を見せたという。[30] 事実、同年一二月に開催された「東京バスケットボール復興大会」では立教大学が優勝を果たし、東京商科大学が二位に食い込んでいる。参加チームの多くが震災の影響を受けて練習不足で精彩を欠くなか、優勝した立教大学は強化合宿を経て大会に臨んだ。[31]

大学チームの台頭の予兆は震災前から見られ、大正一二年（一九二三）五月には立教大学、早稲田大学、東京商科大学によって学生籠球連合が設立されていた。翌年、この組織は全日本学生籠球連合に改称され、リーグ戦も開かれる。そして、次章で取り上げるように、昭和に入って大日本バスケットボール協会発足の機運を醸成し、日本のバスケットボール界のさらなる発展の立役者となったのは、かつて東京の大学でプレーしたOBたちだった。

戦前の日本バスケットボール界の勢力図を塗り替え、新たな時代への転換点を生み出したのは、震災という人智を超えた出来事だったのである。

1　谷釜尋徳『スポーツの日本史』吉川弘文館、二〇二三
2　馬場哲雄・石川悦子『日本女子大学の運動会史』日本女子大学体育研究室、一九八二、p.22
3　渡邊瑛人「明治期における女子バスケットボールの移入と普及に関する一考察」『ＴＯＹＯスポーツセンター紀要』一号、二〇二四、p.22
4　輿水はる海「井口阿くり考」『お茶の水女子大学人文科学紀要』二九巻二分冊、一九七六、p.50
5　竹之下休蔵・岸野雄三『近代日本学校体育史』東洋館出版社、一九五九、p.61
6　輿水はる海「女子バスケットボールに関する研究（二）」『お茶の水女子大学人文科学紀要』三一巻、一九七八、p.99
7　川島浩平「明治、大正、昭和前期の日本におけるバスケットボールとジェンダリング」『スポーツ文化研究』一号、二〇二三、p.117
8　「今の女學生の体育」『読売新聞』一九〇七年四月二三日
9　水谷豊「バスケットボールの歴史に関する一考察（Ⅷ）大森兵蔵略伝」『青山学院大学一般教育部会論集』二三号、一九八二、pp.179-180
10　斉藤実『東京キリスト教青年会１００年史』東京キリスト教青年会、一九八〇、p.145
11　日本体育協会編『スポーツ八〇年史』日本体育協会、一九五八、p.283／日本バスケットボール協会広報部会編『バスケットボールの歩み―日本バスケットボール協会五〇年史―』日本バスケットボール協会、一九八一、p.42

12 佐川永三郎『体操教授要目に準拠したる新定遊戯』健康堂体育店、一九一三、p.76

13 服部宏治『日本の都市ＹＭＣＡにおけるスポーツの普及と展開』渓水社、二〇一五

14 服部宏治『日本の都市ＹＭＣＡにおけるスポーツの普及と展開』渓水社、二〇一五、p.134

15 水谷豊「バスケットボールの歴史に関する一考察（Ⅶ）日本における発展の功労者 F.H.Brown 略伝」『青山学院大学一般教育部会論集』二二号、一九八一、p.206

16 極東体育協会編『バスケット、ボール規定』極東体育協会、一九一七

17 水谷豊「バスケットボールの歴史に関する一考察（Ⅸ）佐藤金一略伝」『青山学院大学一般教育部会論集』二四号、一九八三、p.271

18 高橋忠次郎『籠毬競技』榊原文盛堂、一九〇四、p.10

19 『美満津商店懐中用定価表』美満津商店、一九一五

20 野口源三郎「運動場の設計と其管理維持方法」内務省編『運動競技全書』朝日新聞社、一九二五、p.66

21 アンダーソン「日本のバスケットボールについて感じたこと」『ガードナー籠球講習要録』動文社、一九三三、p.83

22 早稲田大学ＲＤＲ倶楽部編『ＲＤＲ60—早稲田大学バスケットボール部六〇年史—』早稲田大学ＲＤＲ倶楽部、一九八三、p.10

23 日本バスケットボール協会広報部会編『バスケットボールの歩み—日本バスケットボール協会五〇年史—』日本バスケットボール協会、一九八一、p.52

24 慶應義塾バスケットボール三田会編『慶応義塾体育会バスケットボール部五〇年史』慶應義塾バスケッ

トボール三田会、一九八〇、p.41
25 水谷豊『バレーボールその起源と発展』平凡社、二〇〇〇、p.174
26 日本体育協会編『スポーツ八〇年史』日本体育協会、一九五八、p.273
27 渡邉瑛人「ミニバスケットボールの成立過程に関する史的研究」『バスケットボール研究』七号、二〇二一、p.3
28 日本国有鉄道編『鉄道技術発達史第二篇第一』日本国有鉄道、一九五九
29 日本体育協会・日本オリンピック委員会編『日本体育協会・日本オリンピック委員会100年史PART2 加盟団体のあゆみ』日本体育協会・日本オリンピック委員会、二〇一二
30 李想白「日本籠球界の回顧」『運動界』一〇巻四号、一九二九、p.81
31 薬師寺尊正「バスケツト・ボール私言（一）」『アサヒ・スポーツ』二巻一号、一九二四、p.29

第三章

一躍、人気スポーツへ

大日本バスケットボール協会の設立

大日本バスケットボール協会が設立されたのは昭和五年（一九三〇）のことである。協会設立の原動力となったのは大学関係者たちで、とくに先頭に立って尽力したのが早稲田大学出身の李想白《りそうはく》と富田毅郎《とみたぎろう》だった。

当時、日本のバスケットボール競技は大日本体育協会の管轄下にあり、事実上はＹＭＣＡ関係者が取り仕切っていた。そのリーダー格が、東京ＹＭＣＡ出身で大日本体育協会主事としてバスケットボールとバレーボールの運営を任されていた薬師寺尊正《やくしじたかまさ》である。しかし、日本のバスケットボールが発展するためには独自の団体を創設すべきだと考えた大学勢が思い切った行動を起こす。それは、薬師寺をはじめとするＹＭＣＡ関係者を排して、大学勢を中心に独立した競技団体を設立することだった。

こうして、大日本バスケットボール協会の創立総会が昭和五年（一九三〇）九月三〇日に開かれる。この時、富田毅郎は事前に李想白と相談し、総会で創立を決議した時点でただちに世間に発表しようと企て、別室に新聞記者を呼んでいた。迎えた当日、総会に招待されていないはずの薬師寺が会場に姿を現すという騒動はあったが、結局は退場し、満場一致で協会の設立が決議されたという。[1] 薬師寺自身も、この総会直前の昭和五年（一九三〇）八月に発行された雑誌のなかで、「全日本統一的籠球団体」の組織化を自らに課せられた「宿題」だと公言していたため、[2]李や富田らの大学勢は薬師寺の機先を制するかたちで協会の設立に踏み切ったことになろう。

ここに、国内を統括し、海外との窓口にもなる独立した組織的な基盤が出来上がった。ある意味で、大日本バスケットボール協会はクーデターによって生まれた団体だったが、こうした設立の経緯も影響して、日本のバスケットボール界は名実ともにＹＭＣＡから大学の時代へと移行していったのである。

教育的な価値の強調　～ニュースポーツとしての生存戦略～

日本では、欧米産の近代スポーツは有効な身体教育の手段として学校教育に受け入れられ、根付いていった歴史がある。バスケットボールも同様で、学校体育教材への採用を追い風に普及と浸透が図られていく。

こうした時代の波を敏感に察知したのが、ほかならぬ李想白であり、大日本バスケットボール協会だった。

大日本バスケットボール協会は、設立の翌年から機関誌『籠球』を発行し、国内の統括団

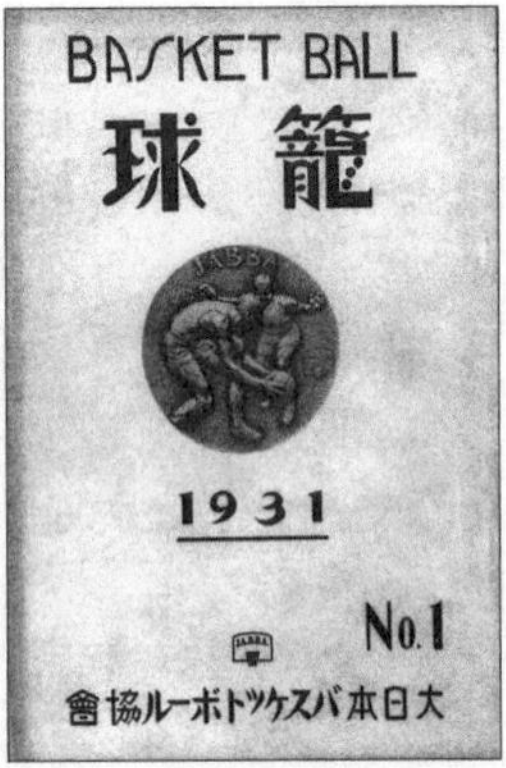

『籠球』１集

体としてバスケットボールにまつわる諸々の情報を発信した。同誌の創刊号から第六号には、毎号、李想白の文章が寄稿されている。そこには、「競技の精神」、「アマチュアリズムについて」、「スポーツと社会生活の本質」、「戦闘精神とその純化」、「勝敗に対する一つの見方」、「ティーム・プレーとその意義」といったタイトルが並び、いずれも競技者としての心構えや倫理観を問うような教育的な色彩が強い論稿だった。[3]

当時の日本では、スポーツは教育の手段としての地位を固めつつあったため、協会の創設を機に新時代を迎えたバスケットボール界も、競技に備わる教育的な価値を存分にアピールしてさらなる発展を手繰《たぐ》りよせようとした思惑が透けて見えてくる。当時は、Ｆ・Ｈ・ブラウンによって本格的なバスケットボール競技がもたらされてからまだ日が浅い頃である。『籠球』誌上での教育的価値の強調は、李想白が仕掛けた〝ニュースポーツ〟としての生存戦略だったといっても過言ではない。

アメリカという産業社会で健康増進の手段として幅広い層に受け入れられたバスケットボ

ールは、日本に至っては、主に学校を舞台とするストイックな人間教育へと巧みに方向づけられていったのである。

高まるバスケットボール熱

二〇世紀を迎えた日本では、欧米由来の球技が熱を帯びていた。

スポーツ雑誌が相次いで創刊するなか、昭和七年（一九三二）に大日本球技研究会によって『球技』という球技全般を扱う情報誌が生まれた。この雑誌に園部《そのべ》暢《のぼる》という人物が「球技時代」という文章を寄稿している。園部は日本統治時代の朝鮮京城師範学校の教諭である。

団体球技をこよなく愛した園部の熱のこもった論稿は、「二十世紀はボール、ゲームスの時代なり」という書き出しからはじまり、最後は「チームゲーム中の華　ボールゲームス、野球、蹴球、ラグビー、バスケット、バレーと、今や燦然として咲き乱れた。（中略）球技時代！球技時代は遂に我の上に来たのだ！」と締めくくられた。[4] 園部がラグビー愛好家だったことを差し引いても、当時の日本のスポーツ界でバスケットボールを含む団体球技が人気ジャンルの仲間入りを果たしていたことがわかる。

この時代の特徴は、球技が観覧の対象としても賑わいを見せはじめたことである。例えば、明治～大正期の野球場は観客席を備えていなかったが、大正一五年（一九二六）には東京市街地に大観衆を収容できる明治神宮野球場が誕生した。収容人数三万一〇〇〇人（スタンド観覧席九〇〇〇人、芝生観覧席二万二〇〇〇人）を誇る、観客に野球を〝みせる〟ことを意識したスポーツ施設である。

神宮球場の北側には相撲場があったが、昭和八年（一九三三）にはこの相撲場に仮設のバスケットボールコートが造営されている。使用頻度の低い相撲場に、板を張り付けて設営した組み立て式のコートである。観客を収容するエリアとしてコート周囲の芝地が用いられた。屋外の仮設とはいえ、東京市街地に観客席を設けた専用競技場が造営されたことは、バスケットボールが集客を見込めるだけの安定した支持を得たことを裏付ける。

こうした先進事例をモデルとして、バスケットボールをプレーして楽しむだけではなく、観戦して楽しむ環境が整えられていった。日本のバスケットボールは〝みるスポーツ〟としての新時代を迎えたといえよう。

ところで、当時の日本のバスケットボールは〝きくスポーツ〟としても普及しつつあった。昭和九年（一九三四）一一月一八日の関東大学リーグ戦より、バスケットボールのラジオ放送がはじまっているからである。翌年、アメリカのチームを招いた日米対抗籠球競技大会は

ＮＨＫでラジオ放送された。実況を担当したアナウンサーは、バスケットボールは得点数が多く「試合のやまが多い」ため、ラジオ放送に適した競技だと評している。[6]

ボールの国産化

アメリカでバスケットボールが誕生した時に使われたのはサッカー用のボールだったが、数年後には自転車メーカーがゴムタイヤの技術を応用して専用球を開発した。

日本で明治後期に定着した女子バスケットボールも当初はサッカーボールで行われていた。やがて、大正期に本格的なバスケットボール競技が移入されると、アメリカ製のバスケットボール専用球が使われるようになるが、大正末期には国産のボールが登場する。[7]

以降、多くの国産のボールが生まれた。次ページの図は昭和五年（一九三〇）の美津濃《ミズノ》社の広告である。当時のバスケットボールには紐で結んだ部分が見られるが、このなかにゴムチューブが納められ、空気の出し入れにはいったん口紐を解いてその後締め直すという面倒な作業がつきものだった。

この時代に早稲田大学でプレーしていた富田毅郎は、大正末期〜昭和三年（一九二八）頃の様子を「ボールはしめつけのもので、口をあけて、ポンプで空気を入れ、それからひもで

美津濃製のバスケットボールの広告
(『運動界』11巻11号)

しめつけて丸くするというものを主に使いました」[8]と語る。また、昭和七年（一九三二）〜八年（一九三三）頃に京都でプレーしていた人物も「外部は皮で中にチューブが入っていて、口を皮紐で止め」[9]るタイプのボールで練習したと回想している。

このように、大正末期から昭和初期にかけて流通していた国産のバスケットボールは、口紐付きでゴムチューブを内蔵した形状のボールだった。

いびつなボール　～ボールの性能に悩まされた選手たち～

口紐付きの国産ボールは、空気の出し入れに手間がかかるだけではなく、性能の面でも今日のボールとは雲泥の差で、選手たちの技術的な発展を阻んでいた。

大正末期にバスケットボールをプレーした人びとによる座談会では、当時を振り返って「あの頃のボールは運動社でしたね。運動社が苦心して作ってくれたんだが…。ボールの口をしめるのが一仕事でね。二日位使うとカボチャ型になる」[10]と語られている。「運動社」とは東京運動社を指すが、当時のボールは表皮が手縫いで接合されていたため、使用中に変形する欠点があったのである。

また、戦後すぐに早稲田大でプレーした増田《ますだ》高昭《たかあき》は、口紐付きのボールを使用していた経

昭和初期の一般的なドリブル
（李想白『指導籠球の理論と実際』）

験から、次のような興味深い回顧録を残す。

「そもそもいびつなのでシュートはぶりんぶりんと飛び、また編み合わせた皮ひもの具合も加わって、ドリブル中のイレギュラーは常時なのですが、これらはコントロール技術の範疇と意識せざるを得ませんでした」[11]

ここで目を引くのは、口紐付きのボールはドリブルすると常に「イレギュラー」していたという事実である。このイレギュラーは、ボールの「いびつ」な形状と外側に出た口紐が原因で生じた現象だったが、使用中のボールの変形によって拍車がかかったことだろう。

当時のバスケットボールが専ら屋外競技だったことも、ドリブル中のイレギュラーを生む大きな要因となった。整備の行き届かない凹凸のある屋外コートでは、ボールが地面から正確に跳ね返ってこないからである。

こうした戦前のバスケットボール事情からして、ドリブル中にボールが思い通りに跳ね返ってくるとは限らず、選手はいつもイレギュラーバウンドを気にかけながらドリブルしなければならなかった。したがって、ドリブル中のミスをカバーするために、ボールを常に注視して身体の正面でコントロールする動作が必然化する。現代のような華麗なドリブルとは、まったく別の光景である。

事実、当時の日本では、ドリブルはシュートやパスができない局面で用いられる苦肉の策に過ぎなかった。戦後を代表する指導者である牧山圭秀《まきやまよしひで》は、「戦前はドリブルはパスの代りでドリブルする位なら持ってろと云う考えだった」[12]と振り返っている。ボールを見つめながら行うドリブルでは、目の前に立ちはだかるディフェンスを巧みにかわして得点することなど不可能に近いと考えられていたのだろう。

バルブ式ボールの登場

昭和五年（一九三〇）頃、ボールの製造法に新展開が訪れた。従来品とは違って、表面の口紐がなくなり空気弁が外側に取り付けられたバルブ式ボールの登場である。

昭和六年（一九三一）に東京運動社が『籠球』に掲載したバルブ式ボールの広告を見ると、外側から直接空気を注入するタイプのボールだったことがわかる。従来品のように、口紐を

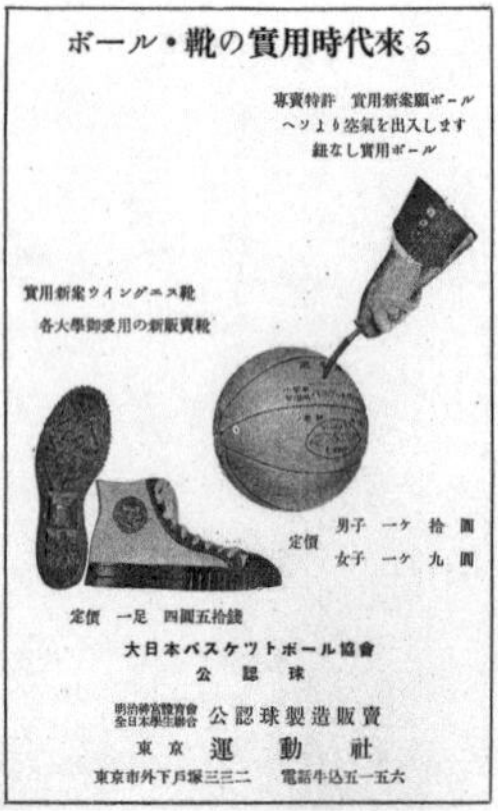

東京運動社製のバルブ式ボールの広告　(『籠球』２集)

解いて空気を入れ、再び締めるという面倒な工程が解消されたバルブ式ボールは、選手にとって待望のアイテムだった。

　こうして、バルブ式ボールの時代が幕を開け、東京運動社、美満津商店、美津濃社、タチカラ社などの競合各社がバルブ式ボールを開発し、その性能は次第に知れ渡っていく。

　ところが、画期的に思えたバルブ式ボールも完璧ではなかった。依然として表皮が手縫いで接合されていたため、変形を食い止めるだけの性能には達していなかったのである。相変わらずボールは使用中に変形し、ドリブルするとイレギュラーバウンドが発生した。

　だから、バルブ式ボールが国内に普及しても、選手のドリブルはボールを視野に入れながら体の正面でつく動作から脱することはできなかった。バルブ式ボールは、性能面では従来品からのマイナーチェンジに過ぎなかったといわねばならない。

オリンピックへの初参加

昭和一一年（一九三六）のベルリンオリンピックで男子バスケットボールが初めて正式種目に採用され、日本からも代表チームを派遣することになった（女子バスケットボールが正式種目となるのは一九七六年のモントリオール大会から）。二五ヵ国から参加エントリーがあったが、棄権が相次ぎ、最終的には二一ヵ国が出場している。

日本代表として選出された一一名の内訳は、東京や京都の大学から六名、師範学校から一名、クラブ所属が一名、さらに朝鮮の大学からも三名という構成である。ベルリンオリンピックには、日本統治下にあった朝鮮出身の選手がバスケットボール、マラソン、ボクシングの競技で〝日本代表〟として参加した現実がある。

日本が初のオリンピックで戦い抜くうえでは、いくつかの懸念事項があった。

当時、日本のバスケットボール界はアメリカで作成されたルールを採用していたという[13]。しかし、ベルリンオリンピックはヨーロッパ式のルールで行われたため、日本代表は現地での練習ゲームでヨーロッパ式ルールに慣れ、本番に備える必要があった。日本はドイツ、ウルグアイ、ハンガリー、ペルーとゲームをこなし、ヨーロッパ式のルールを肌で実感する。

また、オリンピックの使用球は八枚の革を接合した製品だと事前発表されていたが、現地

ベルリンオリンピック直前の日本対ドイツの練習試合
（昭和館デジタルアーカイブ）

入りするとドイツ製の一二枚革のボールが公式球になったという一報が入る。日本はこのタイプのボールをなかなか入手することができず、ようやく準備できたのは大会一週間前で、しかもわずか二個だけだった。[14]

こうして、いくつかの不安を抱えながらもオリンピック本番がはじまった。この大会では現在のような予選リーグはなく、最初からトーナメント方式で行われている。

初戦の中国戦は、日本の速攻とセットオフェンスを併用する戦術がはまり、三五対一九で退けた。二回戦の相手はポーランドである。ヨーロッパ式ルールにより審判は一名のみで、ポーランドのラフプレーに手こずりながらも、四三対三一で勝利した。三回戦は接戦となったが、日本はメキシコのゾーンディフェンスを崩すことができず、最後は二二対二八で力尽きる。結果は三回戦敗退となったが、オリンピック出場という事実は日本バスケットボール界にとって大きな足跡として刻まれた。

なお、ベルリンオリンピックの決勝戦はアメリカとカナダで争われ、アメリカが勝利している。最終スコアは一九対八で、日本の戦いぶりと比べてもロースコアだった。

その理由のひとつが競技会場である。ベルリンオリンピックのバスケットボール競技は屋外の土のテニスコートで行われ、雨天時には沼地と化した。決勝の日の天候はあいにくの豪雨で、選手たちはシュートを決めるのも困難な最悪のコンディションでプレーしたのである。泥だらけの決戦を制して初代オリンピック王者に輝いたアメリカは、バスケットボールの母国としての面目を保った。

幻となった〝身長制〟の採用

バスケットボールは長身選手が優位に立つ局面が多い競技として知られるが、かつて国際的なレベルで出場者の身長制限が真剣に議論されたことがある。ベルリンオリンピックの開幕直前に行われた会議の席で、日本は通常の身長制限なしのクラスに加えて、一八〇センチ以下のクラスをオリンピックに新設する〝身長制〟を提案した。
日本の代表者として会議に出席した李想白の主張を要約すると次の通りである。

他競技に体重別の区分があるように、バスケットボールにも身長制限クラスを設ける必要がある。適度な身長制限クラスを新設して純粋に技術と能力を競う機会を作り、身長の大小が競技に過度に影響するのを防ぐことで世界のバスケットボール界の進歩を図るべきである。[15]

議論は大荒れとなったが、最終的には身長制限の有無で分ける二クラス制の採用が決議された。しかし、具体的な身長の基準は日本が主張した「一八〇センチ以下」ではなく、「一九〇センチ以下」が採用されることになる。

さて、この身長制はベルリンオリンピックに続く昭和一五年（一九四〇）の東京オリンピックから施行される予定だったが、この大会は幻に終わり身長制も夢と消えた。歴史に「もしも」は禁物だが、東京オリンピックが開催されていたならば、日本は「一九〇センチ以下」のクラスでどのような戦いぶりを見せたのだろうか。

夢と消えた東京オリンピック

ベルリンオリンピックの開幕直前にベルリンで行われたＩＯＣ総会で、昭和一五年（一九四〇）のオリンピックの開催地が東京に正式決定した。アジア初のオリンピック開催に国内のムードも高まりを見せる。しかし、昭和一二年（一九三七）の盧溝橋《ろこうきょう》事件をきっかけに日本軍は全面的に日中戦争をはじめる。スポーツによる国際親善や世界平和を目指すオリンピックの開催国が、自ら交戦国となってしまったのである。

この翌年、日中戦争の悪化や長期化が見込まれ、ついに東京市はオリンピックの開催権を返上することになった（同年に決まっていた札幌冬季オリンピックも返上）。

幻となった東京オリンピックの公式ポスター（アフロ）

日本のバスケットボール界は、李想白を中心に海外のバスケットボール関係者と積極的に交流を図り、東京オリンピックでバスケットボールを正式種目にするために用意周到な準備を重ねたといわれる。[16] また、李の強い働きかけによって、東京オリンピックから身長制が採用されるところまでこぎつけていた。

オリンピックの自国開催が夢と消えた時のバスケットボール関係者の落胆ぶりは計り知れない。そればかりか、多くの若きバスケットボール選手たちが戦争に駆り出され、夢や希望を断たれた。

東京オリンピックが幻となった後、李想白は『籠球』誌のなかで次のように語った。

「我々の競技場は戦場に通ずるといふ確信を以て勇往邁進し、日々の練習、時々の競技が、凡て何時でも国家の役に立つ心身を作る道場であることを念じ、少しもこれを遠慮し萎縮することがあつてはならない。我々の銃後の任務は、一日一刻も偷安を許さない。我が協会が各競技者に、銃を執つて戦場に立つ瞬間まで球を手より離すことなかれ、と強く要求する所以がここにあるのである[17]」

オリンピックの中止によって日本バスケットボール界の停滞を予見した李想白が、戦時下の国家的な優先事項である国民体力の向上と結び付けてでも、バスケットボールの灯を消さないようにと絞り出した苦渋の文面ではないだろうか。一方、こうしたロジックでバスケットボールが戦時体制に絡めとられていったことも見過ごしてはならない。

戦火の煽りを受けて

総力戦体制下にあっては、国民体力の向上が目下の課題として急浮上し、スポーツ競技の実施はそれに支障のない範囲に限定された。

昭和一三年（一九三八）、「国民体力の国家管理の中核」として厚生省が新設される。[18]翌年には厚生省体力局によって体力章検定がはじまり、国家が求める青少年の基礎体力の具体的な指標が出来上がる。やがて、昭和一六年（一九四一）の明治神宮国民体育大会では出場資格が体力章検定合格者に限られるなど、バスケットボールも無関係ではいられなかった。

当時のバスケットボール関係者を悩ませたのが物資の節約問題である。昭和一三年（一九三八）、バスケットボールを含む七団体は全国の関係下部団体に対して物資（とくに皮革）の使用制限に係る通達を出している。[19]これを受けて、『籠球』にも「物資の愛護に就いて」、「倹にして余りあれ 物資節約問題とスポーツ」、「統制運動用具の配給に就いて」など、時勢を捉えた話題が取り上げられるようになった。[20]

昭和一六年（一九四一）、大日本バスケットボール協会は大日本籠球協会に改称された。翌年には大日本体育協会が政府の外郭団体（大日本体育会）になったことにともない、バスケットボールも同会の「籠球部会」として国家の管理下に置かれる。同年、全日本選手権は

『バスケットボール』1号

中止に追い込まれ、昭和一九年（一九四四）には籠球部会の理事会で学生のバスケットボール競技の禁止が決定した。

　このように、日本のバスケットボール界は怒涛の勢いで戦火に巻き込まれ、停滞を余儀なくされたのである。

バスケットボール界の戦後復興

　バスケットボール界の戦後復興に向けた第一歩は比較的早かった。戦後、ほどなくして熱意あるバスケットボール関係者が動き出し、昭和二〇年（一九四五）一二月には日本籠球協会が再発足する。翌年、新体制として最初の公式試合「協会復活記念大会」（全関東対全関西）が、兵庫県西宮に阪急電鉄が造営した西宮体育館で開催された。

　日本籠球協会は、昭和二二年（一九四七）三月に日本バスケットボール協会に生まれ変わり、同年六月には機関誌『バスケットボール』を創刊した。同誌編集部が創刊号に投じた論稿には、「もつと技術について根本的に研究してその水準をせめて戦前にまで持ち上げる様努力すべきだ」[21]と現状報告がなされ、戦争による中断を経て日本のバスケットボールの技術レベルが著しく低下していたことがうかがえる。

戦後、バスケットボールが学校体育の教材として復活したのは昭和二二年（一九四七）の「学校体育指導要綱」からである。ここに、日本のバスケットボールは再び教育の手段としての価値を取り戻すに至った。

ハワイ日系二世チームが見せた華麗なドリブル

戦後、日本のバスケットボール界に技術面での一大変革期が訪れた。昭和二五年（一九五〇）三月のハワイ日系二世チームの来日がそのきっかけである。彼らは東京、大阪、京都、名古屋で計七ゲームを行い、華麗なプレーの数々を披露した。

日本人を驚かせたのが、ハワイチームのドリブルである。この時、ハワイチームの案内役を担当した竹崎道雄《たけざきみちお》は、彼らのドリブルについて次のように振り返る。

「ドリブルをちょっとやってみてほしいとたのんだところ、それをやってくれた。ところが話をしながらやっていて全然ボールを見ないんだ。それまでの日本ではドリブルといえば球を見てやるものばかりだったから、びっくりしたし、なるほどこれだとも思ったりした。

ハワイ日系二世チームのドリブル（『バスケットボール』9号）

（中略）ドリブルは自分の目の前のほうでつくということを教わったからね、相手を前に置いて自分の横や後のほうでドリブルするなんて日本の選手の頭の中には全くなかった[22]」

竹崎が言うように、ハワイチームの選手たちは、まったくボールを見ずに体の横や後ろでもドリブルがつけたのである。前述のようにボールを見ながら体の正面でドリブルをしていた日本人の眼には、ハワイチームの繰り出すドリブルは異次元の技術に映ったに違いない。

それでは、日本人と同じ体格の日系二世の選手が見せた巧みなドリブル技術は、一体どのような要素に支えられていたのだろうか。ハワイチームと日本人のドリブル技術を隔てた主な理由は、両者が日頃使用していたボールの性能に潜んでいた。

ハワイチームのコーチを務めたフランシス相坂は新聞社が企画した座談会で、「球のことですが、日本の球とアメリカの球を比べると、アメリカの球は完全に丸いから調子よくドリブルするが、日本の球は転々として……はつきりいえばはずみが自分の予期する以上にはずんで来るので球を見ずしてドリブルすることが出来ない」[23]との感想を洩らした。

当時の日本で用いられていたバルブ式ボールは、性能の問題からドリブル中にイレギュラーが生じたことは先に述べた。そのボールを体験した相坂は、日本のボールは弾み方が予想できず、ボールを見ずにドリブルするのは不可能だと感じたのである。

こうして、ハワイチームのドリブルに衝撃を受けた日本人は、さまざまな練習法を考案して彼らと同じ技術を身に付けようと必死になった。しかし、当時の日本人のドリブルはボールの性能から強い影響を受けていたのだから、この時まずもって取り組むべきは、国産ボールの性能を少しでも引き上げることだったといえよう。

幸いにも、この頃の日本では、すでに新しいタイプのボールの開発が進んでいた。

ボール革命、起こる

昭和二五年（一九五〇）、タチカラ社が革貼りボール「シムレス」を開発した。従来の手縫い製法とは違って、ゴムチューブの上に革を貼る工程で球体に近づけたボールである。手縫いではないため、使用中のボールの変形も最小限に食い止められた。

この製法の改良がボールの性能に大きな変化をもたらす。協会の機関誌『バスケットボー

タチカラ製の「シムレス」の広告（『バスケットボール』14号）

ル』に掲載された「ボールの出来るまで」というルポルタージュから、新旧のボールの製造法を比較した部分を抜き出してみよう。

「皮は天然的のものであるから、内部の繊維が不均一であり、これを縫い合わせるわけだから、矢張り球型に作ることは不自然であり、不可能になるとのこと。それで皆様御存知の通り、八枚の皮にして張る様になったのはどうか?と云うことを伺ってみた。『球面を均一にわると云うと六等分か八等分が最も原則で、しかもやさしい一番良い方法であり、バスケットボールでは、八等分が一番原則で無理のないやり方である。[24]』」

記者とボール製造工場の社員とのやり取りによると、手縫い製法では不可能だった「球型」が、「八枚の皮にして張る」方法によって可能になったと見られる。タチカラ社が開発したボールは、より完全な球体に近付いていたのである。

新製法で球体の形状を手に入れたボールの開発は、同時にイレギュラーしにくいボールの誕生を意味した。このドリブルしやすいボールは瞬く間に国内に普及していく。

〝ボールを見ない〟ドリブルの発達

イレギュラーしにくいボールの登場は日本人のドリブルに変化をもたらした。ボールが正確に跳ね返るようになったことで、ドリブラーは視覚に頼らなくても手の感覚でボールを扱うことが可能になり、必ずしも体の正面でドリブルする必要がなくなったからである。

その変化は昭和三〇年代になってあらわれる。この頃に出版されたバスケットボールの指導書には、ドリブルを用いてボールをキープする技術やドリブルを武器に得点する技術が紹介されるようになった[25]。

昭和三〇年代に至って、ドリブルは戦前のような急場しのぎのプレーの段階を脱してボールキープの役割を担い、さらには得点に直結する攻撃的な技術にまで発達した。その背景には、ニュータイプのボールの普及という用具事情があったことはいうまでもない。

ワンハンドシュートの時代へ

昭和二五年（一九五〇）のハワイ日系二世チームの来日は、ドリブルだけではなくシュート技術の違いも日本人に見せつけていた。

大正期から昭和初期の日本では、ミドルシュートやロングシュートを打つ時の代表的な技術は、男女を問わず胸のあたりにボールを構えて両手でリリースするチェストシュートだった。当時、ゴール下ではワンハンドでシュートする選手もいたが、それより離れたエリアからは両手のシュートが基本だと考えられていた。片手のシュートは、いい加減な技術だと見なされていた時代である。

やがて、昭和一〇年代には、チェストシュートよりも素早いモーションで、なおかつ高い打点でリリースできるワンハンドシュートの利点が日本人の間でも囁《ささや》かれるようになる。しかし、アメリカ発祥のワンハンドシュートは、アメリカ人よりも体格や筋力に劣る日本人には習得が不可能だと切り捨てられた[26]。

ところが、戦後、昭和二五年（一九五〇）のハワイ日系二世チームの来日をきっかけに状況が一変する。彼らは全員が巧みなワンハンドシュートの持ち主で、素早いモーションから次々とシュートを成功させた。同じような体格の選手たちがワンハンドシュートを打っていたのを見て、日本人は自分たちもこの技術を習得できるのだと初めて認識する。ワンハンドシュートは体の大きい欧米人の専有物ではなく、日本人を含め誰しもが練習によって身に付けられる技術だったのである。

昭和二七年（一九五二）には、戦後初のフィリピンとの国際交流戦が開催される。当時、アジアバスケットボール界の強豪国だったフィリピンのメンバーの多くは、高度なワンハンドシュートを身に付けていた。この時来日したフィリピンチームは、大きくても一八〇センチ台、大半は一六〇～一七〇センチ台のメンバー構成で、日本人と大差はない。したがって、ハワイ日系二世チームと同じく、このフィリピンとの国際マッチも日本人のシュート技術がワンハンドに移行するうえで追い風となったことだろう。

こうして、日本でも男子を中心にワンハンドシュートが定着し、現在に至っている。

オニツカタイガーの誕生　～鬼塚喜八郎の〝バッシュ〟開発～

大正末期に本格的なバスケットボールが日本に伝えられた頃は、まだバスケットボールの専用シューズと呼べる代物はなく、地下足袋《じかたび》を履く選手も多かった。昭和初期になると、バスケットボール人気の高まりに連れて競技に特化したシューズが販売される。当時の代表作が東京運動社製のシューズである。しかし、このシューズを履いて足を痛める選手が続出するなど、性能自体は今日のバスケットシューズには程遠かった。

日本初の本格的なバスケットボールシューズは、鬼塚株式会社製（現・株式会社アシック

鬼塚社の最初のバスケットボールシューズ
（アシックス社 HP より）

ス）の〝オニツカタイガー〟（当時はタイガー）である。創業者の鬼塚《おにつか》喜《き》八郎《はちろう》は、県立神戸高校のバスケットボール部に通って選手の足の動きを徹底的に観察し、高性能の専用シューズの開発に没頭した。昭和二六年（一九五一）、鬼塚は夕食に並んだ酢の物のなかにあった蛸の足をヒントに吸着盤型の靴底を思いつき、バスケットボールのプレーに必要な急発進と急停止が可能なシューズの完成にこぎつける。[27]

その後、わずか数年で〝オニツカタイガー〟（当時はタイガー）は日本全国で約五〇パーセントのシェアを獲得する大ヒット商品となった。

ちなみに、今日、世界的な人気を誇るナイキ社を創業したフィル・ナイトは、日本旅行の際に鬼塚社製のシューズと出会っている。低価格で高品質のシューズに感銘を受けたナイトは、昭和四七年（一九七二）に鬼塚社製のスポーツシューズの輸入販売業からブルー・リボン・スポーツ社（現・ナイキ社）を創業する。世界のバッシュ市場を席巻するナイキの社史の一ページ目には、鬼塚社の存在があったのである。

進むバスケットボール競技場の建設

戦後、バスケットボールの専用コートが全国各地に建設されていく。

昭和二五年（一九五〇）の文部省による『全国体育施設一覧』[28]という調査記録がある。この調査のうち「籠球場」という種別を見ると、昭和二五年（一九五〇）の時点で日本には五四ヵ所の籠球場が設置されている。昭和八年（一九三四）の文部省の調査では、バスケットボールの専用コートは全国に四ヵ所程度にとどまっているため[29]、この間に大きな進展があったことがわかる。常設の籠球場の増加は、競技の人気を裏付けるものだろう。

『全国体育施設一覧』に掲載された籠球場の創設年と建設数に目を向けると、判明する限りで、昭和四年（一九二九）―一、昭和五年（一九三〇）―三、昭和八年（一九三三）―一、昭和一〇年（一九三五）―二、昭和一二年（一九三七）―二、昭和一五年（一九四〇）―二、昭和一七年（一九四二）―一、昭和一八年（一九四三）―二、昭和二一年（一九四六）―六、昭和二二年（一九四七）―六、昭和二三年（一九四八）―一五、昭和二四年（一九四九）―六、となる。戦後になって籠球場の建設数が明らかに増加している。

この現象は、バスケットボールを〝する〟場所の増加だけを意味しているのではない。調査項目に含まれた各施設の観客収容数は一〇〇人から三〇〇〇人までと幅広く、一〇〇〇人を超える観客を収容できる籠球場も少なくなかった。しかも、観客収容が一〇〇〇人以上の籠球場の多くは戦後になって創設されているのである。

ここで取り上げられた籠球場が屋内と屋外のどちらだったかは不明だが、戦後の日本人がバスケットボールを〝みる〟対象として再び意識するようになり、そのことが大規模な観客席の設置へと向かわせたことは想像に難くない。戦時中の停滞を挟みながらも、日本のバスケットボールは組織的基盤を整備しながら人気スポーツとしての道を歩んできたといえよう。

1　及川佑介『松本幸雄と「籠球研究」（昭和9～11年）』叢文社、二〇一二、p.37
2　薬師寺尊正「『バスケットボール』発刊に寄せて」『バスケットボール』創刊号、一九三〇、p.1
3　李想白「競技の精神」『籠球』一集、一九三一、pp.8-10／李想白「アマチュアリズムについて」『籠球』

二集、一九三一、pp.4-14／李想白「スポーツと社会生活の本質」『籠球』三集、一九三一、pp.4-9／
4 李想白「戦闘精神とその純化」『籠球』四集、一九三二、pp.2-5／李想白「勝敗に対する一つの見方」『籠球』五集、一九三二、pp.2-5／李想白「ティーム・プレーとその意義」『籠球』六集、一九三三、pp.2-5
5 園部暢「球技時代」『球技』二巻二号、一九三三、pp.6-7
6 明治神宮奉賛会編『明治神宮外苑志』明治神宮奉賛会、一九三七、pp.175-176
7 和田信賢「籠球放送雑感」『籠球』一三集、一九三五、p.89
8 玉沢敬三編『東京運動具製造販売業組合史』東京運動具製造販売業組合、一九三六、p.267
9 日本バスケットボール協会広報部会編『バスケットボールの歩み―日本バスケットボール協会五〇年史―』日本バスケットボール協会、一九八一、p.54
10 京都バスケットボール協会編『京都バスケットボール協会創立七〇周年記念史』京都バスケットボール協会、一九九七、p.154
11 「座談会 今昔物語」『バスケットボール』一三号、一九五三、p.53
12 早稲田大学ＲＤＲ倶楽部編『ＲＤＲ60―早稲田大学バスケットボール部六〇年史―』早稲田大学ＲＤＲ倶楽部、一九八三、p.222
13 牧山圭秀・前田豊編『籠球・排球』旺文社、一九四八、p.51
14 李想白「国際会議を中心として」『籠球』一八集、一九三六、pp.48-49
小谷究「ベルリンオリンピックにおける日本のバスケットボール」小谷究・谷釜尋徳編著『籠球五輪』

流通経済大学出版会、二〇二〇、p.22
15 李想白「国際会議を中心として」『籠球』一八集、一九三六、p.49
16 及川佑介「オリンピック大会をめぐる李想白の動向」『国士舘大学体育研究所報』二九号、二〇一〇、pp.101-105
17 李想白「オリンピック東京大会 中止とその後に来るもの」『籠球』二二集、一九三八、p.4
18 木下秀明『スポーツの近代日本史』杏林書院、一九七〇、p.212
19 日本体育協会編『日本体育協会五〇年史』日本体育協会、一九六三、p.177
20 鈴木重武「物資の愛護に就いて」『籠球』二二集、一九三八、pp.31-33／李想白「倹にして余りあれ物資節約問題とスポーツ」『籠球』二二集、一九三八、pp.28-30／妹尾堅吉「統制運動用具の配給に就いて」『籠球』三二集、一九四一、pp.49-52
21 編集部「終戦後の斯界展望」『バスケットボール』一号、一九四七、pp.26-33
22 日本バスケットボール協会広報部会編『バスケットボールの歩み―日本バスケットボール協会五〇年史―』日本バスケットボール協会、一九八一、p.164
23 「ハワイ籠球選手と語る下」『スポーツニッポン』一九五〇年三月一一日付
24 「ボールの出来るまで」『バスケットボール』二二号、一九五五、p.37
25 佐々木茂『図説バスケットボール』不昧堂書店、一九五九、pp.104-110／青井水月『バスケットボール』ベースボール・マガジン社、一九五九、p.36／井上一男『コーチ学（バスケットボール編）』逍遙書院、一九六一、pp.133-147 など

26 谷釜尋徳「大正期～昭和前半期の日本におけるバスケットボールのシュート技術の変遷」『体育学研究』五五巻一号、二〇一〇、p.10
27 鬼塚喜八郎『私の履歴書 鬼塚喜八郎』日本経済新聞社、一九九一、pp.42-46
28 『全国体育施設一覧』文部省、一九五〇
29 文部大臣官房体育課編『本邦一般社会ニ於ケル主ナル体育運動場調』文部大臣官房体育課、一九三四

第四章

高さへのチャレンジ

国際舞台への復帰

戦争の影響で中断していたオリンピックは、戦後、昭和二三年（一九四八）のロンドン大会から再開された。しかし、このオリンピックには敗戦国の日本とドイツは招待されていない。日本選手団がオリンピックに復帰したのは昭和二七年（一九五二）のヘルシンキ大会からである。

戦後、バスケットボール日本代表がオリンピックの舞台に返り咲いたのは、昭和三一年（一九五六）のメルボルン大会だった。参加した一五ヵ国のうち日本は一〇位に食い込む。ただし、不安定な国際情勢を受けた相次ぐボイコットや、初の南半球開催という距離的な事情も手伝って、参加国の顔ぶれは必ずしも世界の強豪国を網羅していなかった。日本が勝利した相手はアジア諸国ばかりで、欧米勢には一勝もしていない。

速攻戦術で惨敗したローマオリンピック

当時の日本代表が抱える最重要課題は大型化が進む欧米チームへの対抗策を導き出すことで、そのベストな戦術は身長の不利をスピードで補う〝速攻〟だと信じられていた。

速攻が出せなければハーフコートオフェンス（コートの半分側でじっくりと攻める方法）

ローマオリンピックの日本対アメリカ戦
(『第17回オリンピック競技大会報告書』)

を展開することになるが、当時の日本代表は、フォーメーションにこだわりすぎてディフェンスにプレーを読まれると手詰まりになり、外側でパスを回すだけで終わってしまう欠点を持っていた[1]。こうした理由から、できるだけ速攻を繰り出し、それがだめなら二～三人の連携プレーで中距離からシュートを狙う攻撃が日本の国際大会でのメイン戦術になっていたのである。

　昭和三五年（一九六〇）のローマオリンピックでは、日本はオールコートのプレスディフェンスを敷き、マイボールになったら徹底的に走るコンセプトで大会に臨む。ところが、日本の戦い方はまったく通用せず全敗に終わった。日本の最終成績は一六チーム中の一五位だが、一六位のブルガリアは途中棄権しているため事実上の最下位だったことになる。

優勝したアメリカとの対戦結果は六六対一二五で、ほぼダブルスコアの完敗だった。こうして、サイズの劣勢を運動量で補おうとする日本の速攻戦術は、ローマオリンピックで完全に否定されてしまう。メルボルンオリンピック以降の四年間、世界のバスケットボール事情の調査を怠り、日本と欧米勢の実力差の広がりを認識しないままオリンピック本番を迎えてしまった結果である。[2]

吉井四郎の抜擢

四年後に控えた東京オリンピック（一九六四）に向けて、バスケットボール日本代表は苦境に立たされた。そんななか、日本代表の監督として白羽の矢が立ったのが、国内の大学や実業団の指導者として実績を残していた吉井四郎《よしいしろう》である。

当時としては先進的な思考を持っていた吉井は、試合のスコアを徹底的に分析し、バスケットボールの勝敗を左右する真の要因に迫ろうとしていた。今日でいう〝データバスケ〟の走りである。

吉井の眼差しは、日本が世界で勝てない要因にまで及ぶ。当時、日本の国際大会の敗因は、一般的には体格の劣勢にあると見られていた。しかし、吉井の見解は異なる。日本のバスケットボールに最も欠けているのは技術的な要素で、体格の不利を憂《うれ》うよりも技術面に秀でることこそが重要だと強調したのである。[3]

こうした吉井の発想は、東京オリンピックの日本代表チームの強化策に大きな影響を与えることになった。

新たな代表強化策の模索

東京オリンピックに向けて、監督の吉井四郎が最初に取り組んだのは惨敗に終わったローマオリンピックの敗因を突き止めることだった。同大会のスコア分析に着手した吉井は、日本の敗因をフィールドゴール（フリースロー以外の通常のシュート）の成功率の低さに求めている。そのうえで、日本がフィールドゴールの得点を増やす唯一の方法は、ゴールに近いエリアで長身のディフェンダーの影響を回避してシュートできるフォーメーションを持つことだと結論付けた。[4] 吉井の見解によれば、ローマオリンピックで日本が採用した速攻重視の戦術は、世界の強豪と戦うには効果的ではなかったといわねばならない。

こうして、吉井は従来とは異なる新たな代表強化策を打ち出していく。日本代表の活動は、

選手とミーティングをする吉井四郎
(『第 18 回オリンピック競技大会報告書』)

選手の大型化、長身選手の技術レベルの向上、攻防両面での欧米勢の高さ対策を目指して進められた。特筆すべきは、従来のように短期間のチーム作りで大会に臨むのではなく、いったん編成された代表チームが継続的に活動したことである。

日本バスケットボール協会は選手の所属先との調整を図り、代表チームの強化に適した環境を整えていった。初の自国開催のオリンピックに向けて、バスケットボール界が一丸となって日本代表の強化に注力した時期だからこそ可能になった体制だといえよう。

アップテンポからスローテンポへの転換

吉井は、〝小さいから走る〟という従来の発想にこそ国際大会での敗因があると考え、速攻にこだわる方針の見直しを図る。吉井が欧米の大型チームに勝つために速攻をメイン戦術から外したことには理由があった。

日本が速攻を仕掛けても、ゴール下には長身のディフェンダーが待ち受けている。だから、結局はゴール下まで攻め込めずに外から確率の低いシュートを打たざるをえない。また、バスケットボールは攻防が連続するため、日本がアップテンポな試合展開に持ち込めば、相手にも同じように速攻のチャンスが生まれるが、日本の小柄なディフェンダーを前に欧米選手はゴール下で楽々とシュートできてしまう。欧米勢の大型化が進んだ当時、日本が好んだ速攻主体の戦術は、国際舞台では効率の悪い戦い方になっていたのである。

もうひとつ、吉井は日本代表に新たな風を吹き込んだ。スリーポイントシュートが存在しない時代、効率のよい攻撃をするにはできるだけゴールの近くでシュートする必要があるが、ゴール下には相手のビッグマンが待ち構えていた。これを攻略するため、吉井は日本に合ったフォーメーションを考案する。時間を使ってスクリーンとパスで相手を揺さぶり、ゴールの近くでシュートチャンスを作るプレーだった。時間をかけてパスをつないでいくという、それまでの日本代表とは一味違う組織的な攻撃である。速攻にこだわらず、スローテンポな攻撃を織り交ぜてゲームを操ろうとする柔軟な思考がそこにはあった。

ディフェンス面にも工夫が凝らされた。東京オリンピックに向けて、日本は前線から積極

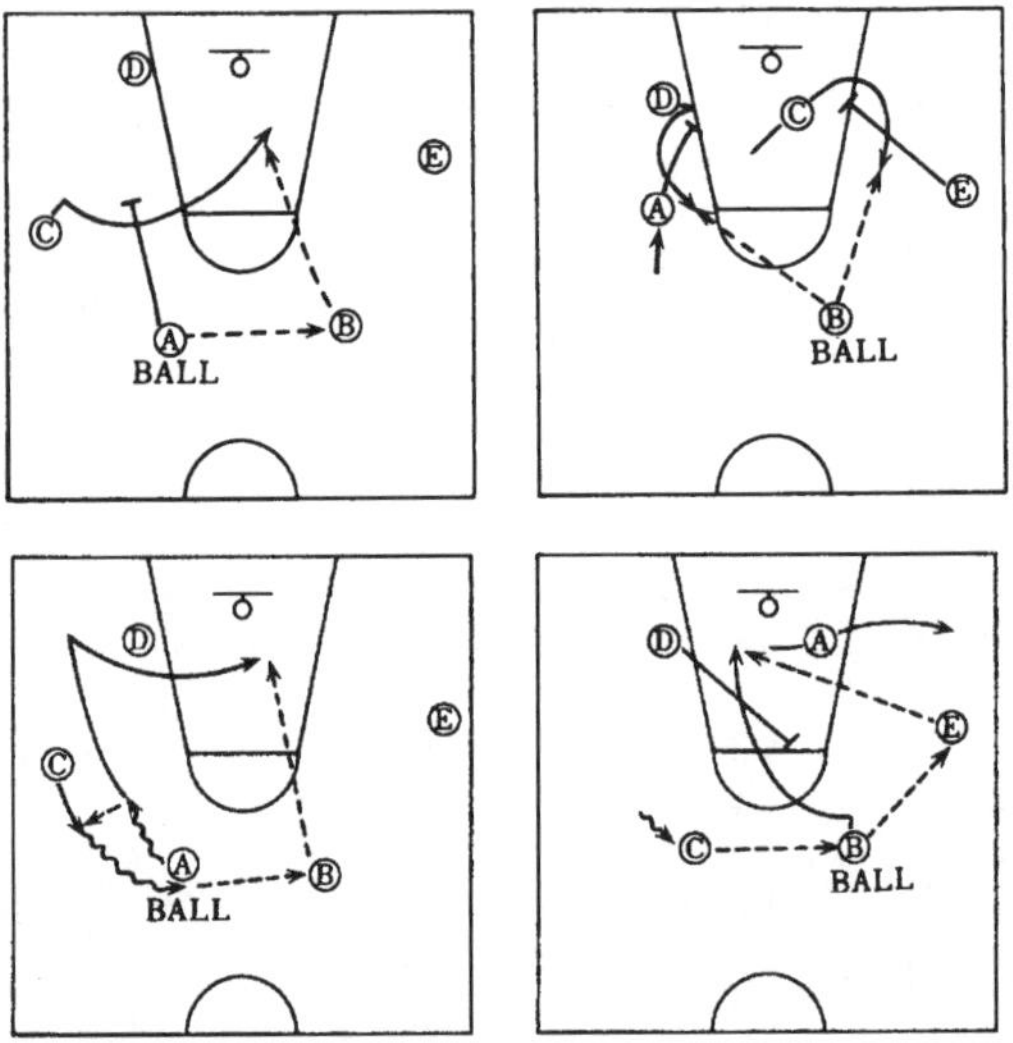

東京オリンピック日本代表のフォーメーションの一例
(吉井四郎『バスケットボール指導全書2』)

的に仕掛けるプレスディフェンスを何種類も準備する。しかし、その狙いはギャンブルしてボールを奪おうとするのではなく、粘り強く守り続けて簡単にシュートさせずに時間を浪費させることにあった。ショットクロック（当時は三〇秒）を気にして相手が苦しいシュートを打てば、当然シュート成功率は下がる。

こうして、欧米の高さ対策として、日本は従来のアップテンポな戦術ではなくスローテンポな試合展開を選びとることになった。

外国人指導者の招聘

東京オリンピックの強化策として、日本人に限られた従来の指導体制を脱して、外国人指導者に積極的に協力を要請したことも注目すべきである。

昭和三五年（一九六〇）一二月、元ニューヨーク市立大学コーチのナット・ホルマンが来日し、講習会を開催した。この時、ホルマンと接する機会を得た吉井四郎は、チーム作りの先決事項は最終的な目標の把握にあることや、瞬時の状況判断は練習によって習得可能であることなどを学ぶ。[5]

昭和三六年（一九六一）一一月、吉井はアメリカ視察の際に元アメリカ代表監督のピート・ニューエルと出会い、意気投合する。これをきっかけに吉井と親密な関係を築いたニューエルは、東京オリンピックの日本代表コーチに就任した。

ニューエルの招聘が実現した背景には、当時ＦＩＢＡ（国際バスケットボール連盟）の理事にも名を連ねた植田義巳《うえだよしみ》の働きかけがあった。植田はローマオリンピックの時点でニューエルに接触し、日本の実情を伝えている。

吉井がアメリカ視察で見たニューエルの練習はフォーメーションの反復だった。ニューエルは、勝敗を左右する最大の要因はミスプレーにあると考え、ミスが生じやすい速攻よりも、時間を使って確実にシュートチャンスを作るフォーメーションを軸に攻撃を組み立てていたのである。[6] また、彼はアメリカ代表監督として指揮を執ったローマオリンピックで、二一八センチのクレーミンを擁するソ連の高さをプレスディフェンスで封じ込め、金メダルを獲得した実績を持つ。欧米勢の高さの克服を命題とする日本が教えを乞うには、ニューエルは打って付けの人物だったといえよう。

こうして、ニューエルの招聘が実現した。しかし、当時の日本代表選手たちは、ニューエルの指導をそのまま吸収していたわけではない。吉井は、外国人の指導が行われた後に、それを自身の「日本人的感覚」で解釈してから再び選手に教え直していた。この吉井のこだわりが選手の理解を助け、外国人が提供する指導をより有意義なものとしたのである。

東京オリンピックの後、昭和四二年（一九六七）に日本で開催されたユニバーシアードでもアメリカ人コーチによる指導が行われた。しかし、大会直前になって新たな攻撃法が伝授され、吉井が選手たちに教え直す時間的猶予もなかったためにチームが消化不良を起こし、大会中に攻撃システムの大幅変更を余儀なくされたというエピソードもある。[7]

いざ、東京オリンピックへ

迎えた東京オリンピック本番、バスケットボール日本代表は堂々たる戦いを見せた。

初戦のプエルトリコと第二戦のポーランドには敗退するが、続く第三、四戦では日本のスローテンポな試合運びとプレスディフェンスが利いてカナダとハンガリーに連勝した。第五戦はソ連の圧倒的な高さに敗れるも、ソ連戦でのプレスディフェンスの成功で勢い付いた日本は第六戦でイタリアに勝利する。イタリアはローマオリンピック四位の強豪だったが、日本のプレスディフェンスの威力が長身選手を封じ込めた。第七戦はメキシコのシュート力に手を焼いて惜敗したが、第八戦は前線からのディフェンスが奏功してフィンランドに勝利する。最終戦のオーストラリアには敗れ、第一〇位（四勝五敗）でオリンピックを終えた。

この結果を受けて、監督の吉井四郎は、「この三年間における選手強化の成果は、他のどの競技種目の成果に比しても決して劣るものではないと言い得ると思う」[8]と胸を張った。また、吉井は東京オリンピックの総評として、プレスディフェンスを積極的に用い、スローテンポな展開に持ち込むことで大型チームとも互角に勝負できたが、技術面でさらに成熟しなくては日本が世界の強豪と肩を並べることは難しいと報告している。[9]日本は東京オリンピックの強化には成功したものの、このままでは将来的な見通しは暗いという吉井の見立ては、

東京オリンピックの日本対カナダ戦（『バスケットボールの歩み』）

後年の日本の停滞を見事に言い当てていた。

当時、ＦＩＢＡの技術委員だったロバート・バスネルは、東京オリンピックの日本の戦いぶりを次のように称賛した。

「多くのチームからは新しいものを見い出すことは出来なかった。しかしオリンピックでは予想出来なかった出来ごとが必要なのである。最初のうち、バスケットで目新しいものへの期待はなかった。ところが、日本人達は新しい根性を見せて、敢えて危険を越える効果的な作戦を用い、これを完全に遂行して世界バスケット界の哨兵の中に地位を占めたのである。確かに巨人チームが勝利を収めたがそれでも尚、秀れて競技を遂行したのは『ニッポン人』であった」[10]

バスネルによれば、東京オリンピックに出場した大半の国が新鮮さに欠けるなかで、身長に劣る日本はプレスディフェンスに果敢にチャレンジし、世界にその存在を知らしめたと見ることができよう。

初のアジア王者へ

昭和三九年（一九六四）の東京オリンピックでは、バスケットボール日本代表は世界のトップレベルに急接近した。ただし、東京オリンピックの成功は、日本のバスケットボール界全体のレベルアップを意味したわけではない。監督の吉井は、日本バスケットボール協会が一丸となってバックアップした「東京オリンピックバスケットボール日本代表」というチームが強化されたに過ぎないと認識していたからである。[11]

実際、初の自国開催のオリンピックに向けては選手が所属する企業や大学も不利益を省みずに協力したものの、オリンピックが終わるとただちにその反動が生じる。それまでのように、代表メンバーを頻繁に集めて継続的に強化する方法はもはや現実的ではなかった。

昭和四〇年（一九六五）一一月、マレーシアでアジア選手権が開催された。東京オリンピックの主力メンバーを擁して臨んだこの大会で、日本は初のアジア王者に輝く。しかし、東京オリンピックの反動は、すでにこのアジア選手権にも表れていた。代表チームとしての練習は一週間から一〇日間ほどしかできず、かつてのように大会直前にメンバーを召集する「選抜チーム」の状態に戻ってしまったのである。

翌年、日本はタイのバンコクで開催されたアジア大会に出場する。前年のアジア選手権の優勝メンバー八名を含むチームで挑んだが、日本は四位に沈みアジア王者の座を早くも受け渡すことになった。この頃には、日本代表は東京オリンピックまでに蓄積した遺産を使い切り、下り坂の状態に入っていたといわねばならない。

引き継がれなかった東京オリンピックの遺産

昭和四二年（一九六七）、翌年に控えたメキシコシティオリンピックの出場権を得るための強化活動が本格化する。監督に抜擢されたのは、東京オリンピックと同じく吉井四郎である。吉井自身、日本代表の第一線から退こうとしていた矢先のことだった。

この年の四月には、世界選手権出場メンバーを招集した強化合宿が行われた。しかし、選手の所属先からの要望で、四月五日〜五月二一日の合宿期間のうち、前半は週二日しか練習ができなかったという。吉井の経験上、所属チームとの調整が難航して日本代表の強化計画の大幅変更を余儀なくされたのは、この時が初めてだった。[12]

強化活動が順調に進まなかったことも影響して、五月下旬よりウルグアイとアルゼンチンで開催された世界選手権で、日本は参加一三ヵ国中一一位と低迷した。日本はオールコートのプレスディフェンスを仕掛けるも、東京オリンピックの頃より数段レベルアップした海外の長身選手に太刀打ちできず、高さの前に完敗する。

九月、いよいよオリンピック出場を賭けたアジア選手権に向けて最終的な強化の段階に入り、代表候補を招集した合宿が計画された。しかし、ここでまたしても問題が発生する。一七名の代表候補のうち、実業団所属の四名と大学生三名が所属先との折り合いがつかず日本代表を辞退したのである。その後、再交渉を経て一二名の代表チームが結成されるが、アジア選手権に向けた強化プランに狂いが生じたことは間違いない。

日本代表は、九月二一日から一〇月一日にかけて韓国のソウルでアジア選手権を戦った。上位二チームにオリンピック出場権が与えられることになっていたが、結果は七勝二敗で三位となり、メキシコへの道は断たれてしまう。

監督の吉井は「小型チーム対策」が不十分だった点を敗因として挙げた[13]。吉井率いる日本代表チームは、東京オリンピックの三年前から欧米の大型チーム対策に取り組み、その方針はオリンピック以降もある程度は引き継がれた。ところが、アジア諸国との対戦となれば、日本はむしろ大型チームになっていた。自分たちよりも小さい相手とどのように戦うべきなのか、大型化が進んでいた当時の日本代表にとって、皮肉にもその対策が十分に練られていなかったことが仇《あだ》となったのである。東京オリンピックの成功は、思いもよらぬ落とし穴を後世に残していた。

日本リーグの開幕

昭和四二年（一九六七）、バスケットボールの日本リーグが開幕する。すでに昭和三五年（一九六〇）には日本実業団バスケットボール連盟が結成されトーナメント式の全国大会が行われていたが、リーグ戦形式の大会は地方ブロック単位にとどまっていた。そこで、全国規模の国内トップリーグを男女ともに設立する構想が持ち上がる。昭和四〇年（一九六五）にはサッカー、その翌年にアイスホッケーの日本リーグが相次いで開幕したため、バスケットボール界としても他競技の成功事例に追随したい思惑があった。

第一回の日本リーグに参戦したのは、男子が日本鋼管、日本鉱業、三井生命、大和証券、住友金属、松下電器、東京海上、八幡製鉄、女子が日本勧業銀行、三井生命、日本通運、日本興業銀行、東京芝浦電気、ニチボー平野、日本レイヨン、三菱電機名古屋の各社である。男女各八チームは全国五都市を回り、総当たり一回戦のリーグ戦を行った。こうして開幕した第一回日本リーグは、男子は松下電器、女子はニチボー平野が制している。

日本リーグへの看板のかけかえはすぐに成功したわけではない。新リーグの設立に向けて目立ったPRもなく、企画も練られていなかった第一回の日本リーグでは、観戦に訪れたファンから「いままでの実業団選手権と変わらない」「日本リーグの看板に便乗しただけ」などの厳しい声もささやかれた。[14]しかし、各地を転戦する方式が当たり、終わってみれば各開催地での入場者数は約三〇〇〇人に達し、第一回日本リーグは成功裡に閉幕する。[15]

こうして、日本のバスケットボールは企業スポーツとしての発展期を迎え、日本リーグは国内トップリーグとして多くの日本代表選手を輩出していくことになる。

第１回日本リーグ 日本鋼管対住友金属（『図説バスケットボール事典』）

ミニバスの誕生

東京オリンピックを境に青少年の体力不足が深刻な問題として扱われはじめると、日本のバスケットボール界も「競技力の向上」と「底辺の拡充」という二大目標を立てて、小学生のバスケットボールに本格的に目を向けるようになった。[16]

その後、昭和四三年（一九六八）にさらなる転機が訪れる。小学校学習指導要領の改訂によって、正課体育のなかでポートボールをバスケットボールとして指導できるようになり、バスケットボールが学校体育のなかでクローズアップされることになったのである。

これを好機と捉えた日本バスケットボール協会は、すぐさま小学生用のルールの作成に取りかかる。それまで、小学生のバスケットボール大会は各地方のローカルルールで行われていたが、全国大会を開いて小学生の間に広くバスケットボールを普及させるためには、共通のルールが必要だったのである。

この時、日本バスケットボール協会が試作した「ミニ・バスケットボール公式ルール」では、ゴールの高さを二・六メートルまで下げ、ボールは大人用よりも小さい五号球を用いるなど、小学生用の規格に作り替えられた。また、登録されたメンバーは全員試合に出場することが明記され、成長過程の小学生に合わせた教育的な配慮も見られる。[17]

昭和四五年（一九七〇）三月、京都バスケットボール協会五〇周年の記念行事として、京都、松江、東京、岡崎、芦屋、大垣から六つの小学生チームが集まって第一回の「全国ミニ・バスケットボール教室交歓大会」が開催された。通称〝ミニバス〟の誕生である。

以降、ミニバスは日本中の小学生に急速に普及していく。昭和五一年（一九七六）に設立

第１回全国ミニ・バスケットボール教室交歓大会
(『バスケットボールの歩み』)

された日本ミニ・バスケットボール連盟の登録人数は、昭和五四年（一九七九）の時点で男女合わせて約四万五〇〇〇人だった。その後、ミニバス人口は順調に増え続け、昭和五九年度（一九八四）には一〇万人を突破し、昭和六三年度（一九八八）には一五万人に到達する。[18]

日本バスケットボール協会が立てた二大目標のうちの「底辺の拡充」は、ミニバスの誕生によって数字の面では十分な水準に達したといえよう。

世界への再挑戦

日本がオリンピック出場を逃しているうちに、世界のバスケットボール事情は大きく変化した。国際舞台では大型選手がスピーディに動き回る時代が到来する。

ミュンヘンオリンピック（一九七二）に向けて、日本はアジア地区予選の通過を目指して昭和四五年（一九七〇）に代表チームを結成する。監督に就任した笠原成元《かさはらしげよし》は、長期的なスパンのなかにミュンヘンオリンピックを位置付けた。大きな目標をモントリオールオリンピック（一九七六）での上位進出、さらには次のモスクワオリンピック（一九八〇）での入賞に定めていたのである。

昭和四六年（一九七一）のアジア選手権は、翌年に控えたミュンヘンオリンピックの予選を兼ねて東京で開催された。メキシコオリンピック不参加の日本にとっては背水の陣である。最終日の韓国戦はＮＨＫのゴールデンタイムで中継され、高視聴率をマークした。大会は日本の完全優勝で幕を閉じ、二大会ぶりにオリンピックの切符を手にする。

ミュンヘンオリンピックのバスケットボール競技は、昭和四七年（一九七二）八月二七日から九月七日にかけて行われた。アジア予選を完全優勝で通過した日本は上位進出を期待されたが、結果は二勝七敗で一六チーム中の一四位に沈んだ。エジプトとセネガルのアフリカ勢には辛くも競り勝ったものの、欧米勢には軒並み惨敗し、さらにはアジア予選で大勝したフィリピンにまで敗れ、失意のままオリンピックを終える。

欧米チームには、身長差だけではなく、プレーの予測・判断力の違いをまざまざと見せつ

モントリオールオリンピックの男子日本対カナダ戦
（『バスケットボールの歩み』）

けられる。世界レベルに急接近した東京オリンピックから八年、日本のバスケットボールが再び世界から大きく引き離されたことを痛感したオリンピックだった。

オリンピック終了後、監督の笠原は次のような所感を報告した。

「東京オリンピック以後数年続いたナショナルチームは、一時二、三年間解散し、一昨年また編成された。そしてこのブランクは、非常に大きな障害となっていた。なぜならば、ナショナルチームとして持っていた最低保障である守りについての伝わりが切れてしまったのである」[19]

東京オリンピックに向けて積み上げられた日本代表が得意とするディフェンス戦術は、ミュンヘンオリンピックを目指すチームが結成された時点ですでに途絶えていたのである。

昭和五〇年（一九七五）、男子日本代表はモントリオールオリンピック予選を兼ねてタイで開催されたアジア選手権に出場する。日本は中国に次ぐ大型チームで挑んだが、結果は二位でオリンピック出場を逃す。しかし、その後、優勝した中国がＩＯＣの加盟承認が得られず、二位の日本が繰り上がりでモントリオール行きが決まった。

オリンピック本番、日本は史上最長身のチームで臨んだが、四年間でさらに大型化していた世界の強豪相手に歯が立たず、六試合とも大差をつけられて敗北する。日本の成績は一二カ国中一一位だったが、一二位のエジプトが途中棄権したため事実上の最下位である。

日本代表の高さへの挑戦は、否応《いやおう》なしに新たなフェーズに入っていた。

高さの克服に挑んだ高校チーム

高さへのチャレンジを続けていたのは日本代表だけではない。日本代表が国際舞台で欧米の大型チーム対策に腐心したように、国内でも長身選手を揃える強豪校に一矢報いようとする努力が各地で行われていた。その代表的な例が、秋田県立能代《のしろ》工業高校（現・秋田県立能代科学技術高校）である。

日本体育大学を卒業し、昭和三五年（一九六〇）に能代工業の教員として赴任した加藤廣志《かとうひろし》は、長身選手がいないチームを勝たせようと試行錯誤を続け、やがて高さを克服する戦法を見出した。加藤は、「平面が立体を制する」というコンセプトのもと、身長差が露呈するゴール下の攻防を極力減らすために、攻防の素早い切り替えを徹底したバスケットボールを磨き上げていく。スピーディな試合展開に持ち込んでコートを往復する回数を増やし、相手の長身選手のスタミナを奪う狙いもあった。

加藤率いる能代工業は、オールコートの粘り強いプレスディフェンスと電光石火の速攻を武器にのし上がり、ついに昭和四二年（一九六七）の埼玉国体で初の全国制覇を成し遂げる。その後、加藤は平成元年（一九八九）に監督を退くまでの間、能代工業を三三回の日本一に導いた。加藤の退任後も能代工業は高校界に君臨し続け、現在までに通算五八回の全国優勝を記録している。高校男子バスケットボール界の金字塔である（高校女子では、井上眞一《いのうえしんいち》が名古屋短期大学付属高校と桜花学園高校を通算七一回の全国優勝に導いている）。

加藤の教え子のなかには、大学や実業団で活躍し日本代表になった選手も少なくない。指導者として成功した者も多く、能代工業が日本のバスケットボール界に与えた影響は計り知れない。加藤が自身の指導者としての来歴をまとめた著書『高さへの挑戦』は、後進の指導者たちのバイブルとしていまも読み継がれている。[20]

冷戦とバスケットボール

戦後、東西冷戦という新たな世界秩序が国際スポーツ界に持ち込まれ、共産主義国の台頭によりオリンピックは東西のメダル争いの時代へ突入する。昭和二七年（一九五二）のヘルシンキオリンピックでソビエト連邦が四〇年ぶりにオリンピックに復帰すると、競技場は米ソによる国家の威信をかけたメダル争奪戦の場と化した。

オリンピックのバスケットボール競技では、戦前のベルリン大会（一九三六）から戦後のメキシコシティ大会（一九六八）までアメリカが連覇し、発祥国としての威厳を保ち続けた。しかし、ミュンヘンオリンピック（一九七二）でアメリカの連覇はついに途絶える。

アメリカとソ連の決勝戦、一度は五〇対四九でアメリカの勝利で試合が終わったかに見えた。しかし、試合終了間際にソ連のタイムアウトの請求が無視されたことに対してソ連側が猛抗議し、試合時間は残り三秒の時点まで戻される。タイムアウトが明けてソ連のスローインで試合が再開されたが、ソ連のロングパスがゴール下の選手に渡って逆転シュートが決まり、五〇対五一のスコアでソ連が激戦を制した。

ミュンヘンオリンピック決勝のスコアボード
（L'EQUIPE/ アフロ）

この劇的な幕切れに対してアメリカ側は試合結果の無効を訴えたが、これが覆ることはなく、アメリカは銀メダルの受け取りを拒否して帰国する。東西冷戦の真っ只中、〝疑惑の判定〟（真相は定かではないが）で敗れたアメリカは、屈辱的なかたちで初の王座陥落を経験した。

過熱する米ソの競争は世界中を翻弄し、一九八〇年代にはオリンピックのボイコット合戦を巻き起こす。モスクワオリンピック（一九八〇）はソ連のアフガニスタン侵攻に抗議した西側諸国が軒並みボイコットしたため、アメリカはバスケットボール競技で初の不参加となる。続くロサンゼルスオリンピック（一九八四）では、前回とは逆にソ連や東ドイツなどの東側諸国がアメリカ軍のグレナダ侵攻を理由にボイコットし、米ソの冷戦構造が国際スポーツ界に暗い影を落としていった。

その影響で、モントリオールオリンピック（一九七六）以降ソウルオリンピック（一九八八）までの足かけ一二年間、東西両陣営の国々がオリンピックの舞台で相まみえる機会が失われる。アメリカとソ連のライバル対決の復活を世界中のバスケットボールファンが待ち焦がれていた。

こうして、バスケットボール競技の米ソの金メダル争いは二大会に及んで実現はならず、両国の対決は昭和六三年（一九八八）のソウルオリンピックまで持ち越される。ソウル大会ではソ連が金メダル、アメリカは銅メダルに沈んだ。

駆け上がる女子日本代表

昭和五一年（一九七六）のモントリオールオリンピックから、ついに女子バスケットボールがオリンピック種目となる。前年の世界選手権で女子日本代表は銀メダルを獲得し、モントリオール行きの切符を手にしていた。オリンピック前哨戦ともいえるこの大会で、日本のエース生井《なまい》けい子《こ》はＭＶＰと得点王をダブル受賞し、世界にその名を轟かせる。

女子日本代表は実力こそ世界に認められていたものの、欧米勢との身長差は男子代表よりも開いていた。そのため、監督の尾崎正敏《おざきまさとし》のもと、攻防ともにオールコートを駆け回るハイペースな戦術に磨きをかけてモントリオールに乗り込む。コートを三つのエリアに分け、エリアごとに異なる種類の防御を仕掛ける変幻自在のシステムは〝忍者ディフェンス〟と呼ばれた。

メダルの有力候補として迎えたオリンピック本番、日本の初戦の相手はアメリカだった。日本はスピードあるバスケットを展開し、八四対七一でアメリカを撃破する。いまや絶対女王として君臨するアメリカ女子代表のオリンピックの船出は、日本戦の敗北からスタートしていたのである。

日本は二戦目でカナダにも勝利し、続くチェコスロバキアには敗れたものの、次戦でブルガリアに勝利すればメダルは十分に手に入る目算だった。前半リードで折り返し、後半も日本のペースで試合が進む。しかし、やはりオリンピックには魔物が住んでいるのだろうか。残り八分で一三点のリードを奪っていた日本は、ここから嘘のように攻撃の足が止まり、流れは一気にブルガリアに傾く。ついに、残り四四秒で逆転を許し六三対六六でまさかの敗戦となった。最終戦は世界女王のソ連に歯が立たず、七五対九八のスコアで終える。

こうして、一度はつかみかけたオリンピックのメダル獲得の夢は、手の中からすり抜けて

モントリオールオリンピックの女子日本対ソ連戦（『第21回オリンピック競技大会報告書』）

いった。オリンピックは五位で終えたものの、監督の尾崎正敏は、「このチビッ子集団が、あの激戦の世界選手権大会より、モントリオールと進んで来た苦難の道を省り見る時、選手は良く健闘した、本当にご苦労さんとねぎらいの言葉を述べてやりたい」[21]と選手たちを称えた。スピードを武器に、圧倒的な身長差を跳ね返して欧米勢と互角に渡り合うスタイルは、世界で奮闘する現在の女子日本代表の姿に重なるものがある。

モントリオールオリンピックの頃は、まだスリーポイント・ルールは存在しなかった。「たら・れば」を言えばきりがないが、もしこの当時スリーポイント・ルールが採用されていたら、日本はどのような戦いぶりを見せたのだろうか。想像は尽きない。

オリンピック不参加の時代

モントリオールオリンピック以降も、日本代表の強化は思うようには進まなかった。日本代表は、男子はアジア予選で、女子は世界最終予選で敗退してモスクワオリンピック（一九八〇）の出場を逃してしまう。結局、日本選手団そのものが国際政治の煽りを受けてモスクワ大会をボイコットするという歴史的な転換点を迎えることになる。

モントリオール大会以降、男子は東京大会（二〇二一）までオリンピックに出場できず、女子がオリンピックに返り咲くのもアトランタ大会（一九九六）まで待たねばならなかった。この間、アジアのバスケットボール界では男女ともに中国と韓国が実力をつけ、日本の前に幾度となく立ちはだかる。この空白が世界との差を広げていく。

当時は、日本代表の強化を見据え、世界の強豪国を日本に招いて多くの国際親善試合が組まれるようになった。また、男子日本代表の主要メンバーは、当時全米ナンバーワンのケンタッキー大学に遠征し、四〇日間、本場のハードな練習を体験している[22]。

しかし、男子は一九八〇年代に世界選手権に出場することはできず、女子は二度の出場を果たしたがいずれも一二位と低迷し、かつての輝きを取り戻すまでには至らなかった。

スリーポイント・ルールの導入

この時代には、バスケットボールのルールに劇的な変更が加えられた。ＦＩＢＡは昭和五九年（一九八四）六月に開かれた総会で、ゴールから六・二五メートル（二〇一〇年以降は六・七五メートルに変更）離れたラインの外側から成功したシュートには三点を与えるというスリーポイント・ルールの導入を決定する。日本でこのルールが採用されたのは昭和六〇年（一九八五）からである。

ＦＩＢＡの技術委員会は、選手の体格差から生じる有利・不利を少しでも解消し、バスケットボールを選手や観客にとってより面白いゲームにするためにスリーポイント・ルールの採用に踏み切ったという[23]。ここにも、黎明期のルール変更と同じように、観客をつなぎ止めようとする意図が見え隠れする。

スリーポイント・ルールの導入に難色を示したのは、意外にもアジア諸国だった。当時、アジアのチームは総じて長距離シュートを得意としていたが、この画期的なルールはある懸念を抱かせたようである。アジアバスケットボール連盟は、欧米の長身選手がスリーポイントシュートを打つようになれば、体格に劣るアジアの選手はそれを守り切れなくなるし、逆にアジアのシューターに三点を与えまいと欧米の長身選手が徹底的に守りに出てくれば、シュートすること自体が難しくなると考えたという[24]。

この見解は、今日の欧米勢に対する日本の戦いぶりを見ても決して的外れではなかった。

しかし、多少の点差が開いても、ゲームの流れをつかめば一挙に大逆転が可能なルールの登場が、バスケットボールのエキサイティングな展開を増幅させたことは間違いない。

長身選手のゴール下の脅威が多少なりとも軽減されるスリーポイント・ルールは、一九九〇年代以降の女子日本代表が国際舞台で復活を遂げるうえで欠かせない武器をもたらすことになった。近年の男女日本代表がオリンピックやワールドカップで演じた逆転劇も、スリーポイントシュートの存在を抜きにしては語れない。

長きにわたって高さへのチャレンジを続けていた日本にとって、スリーポイント・ルールの導入は、欧米諸国に再び割って入る可能性を見出す朗報だったといえよう。

増える競技人口

一九八〇年代、日本のバスケットボール界は国際的な競争には苦戦したものの、競技人口の増加には成功していた。日本バスケットボール協会に残るデータから、一九八〇年代の競技登録者数の推移を一覧にしたものが次ページの表である。微減の時期を含みながらも、全体的には増加傾向を見せ、競技登録者は一〇年間で倍増したことがわかる。また、数字のうえでも日本のバスケットボールが男女に均等に普及していったことは一目瞭然だろう。

1980年代のバスケットボール競技人口の推移（単位：人）

年 度	男 子	女 子	合 計
昭和55（1980）	202,402	195,590	397,992
昭和56（1981）	162,225	151,391	313,616
昭和57（1982）	149,657	135,593	285,250
昭和58（1983）	149,823	145,045	294,868
昭和59（1984）	273,914	274,022	547,936
昭和60（1985）	236,761	244,603	481,364
昭和61（1986）	310,431	338,513	648,944
昭和62（1987）	313,539	319,663	633,202
昭和63（1988）	349,122	383,858	732,980
平成元（1989）	393,797	419,258	813,055

出典：日本バスケットボール協会ホームページ「競技者登録数一覧表」より

同じ時期のサッカーの競技登録者数を見ると、昭和五五年（一九八〇）が三〇万九七三一人、平成元年（一九八九）が六六万一五〇九人で、バスケットボールの方が遥かに競技人口は多い。[25] これはバスケットボールが男女両方に普及したために生じた差異で、男子の競技人口だけを見ればサッカーの方が圧倒的に上回る。明治後期に女性のスポーツとして伝来したバスケットボールは、遅くとも一九八〇年代には男女が等しく楽しめるスポーツとして確固たる地位を築いていたと見てよい。

なかでも、この時期に競技人口を伸ばしたのがミニバスと中学である。小学生年代でミニバスをはじめた子どもたちが、中学でもバスケットボール部に入って競技を続けたからだろう。一九六〇年代に日本協会が仕掛けた普及振興策が実を結び、バスケットボールが子どもたちの人気スポーツとして輪を広げ、発展していった跡がうかがえる。

一九八〇年代は、日本のバスケットボール界がオリンピックにも出られず、国際的には低迷した時代である。それにもかかわらず、国内の競技人口が安定的な成長を見せたのは、日本代表の活躍だけに左右されないバスケットボールの〝やって楽しい〟魅力が、人びとに浸透していたからではないだろうか。

1　前田昌保「バスケットボール」『第一七回オリンピック競技大会報告書』日本体育協会、一九六二、p.122
2　植田義巳「ローマオリンピック雑感」『バスケットボール』四七号、一九六一、p.27
3　吉井四郎「感じを分析する」『バスケットボール』四三号、一九六〇、p.17
4　吉井四郎「オリンピック代表チームの対戦記録より探る」『バスケットボール』四七号、一九六一、pp.56-57
5　吉井四郎「バスケットボール ナット・ホルマン・コーチを招いて」『OLYMPIA』二巻四号、一九六一、

pp.46-47

6 吉井四郎・斉藤博「この目で見たアメリカのバスケットボール」『バスケットボール』五二号、一九六二、p.3

7 吉井四郎「男子バスケットボール」『一九六七夏季一九六八冬季ユニバーシアード大会報告書』日本体育協会、一九六八、p.138

8 吉井四郎「バスケットボール」『東京オリンピック選手強化対策本部報告書』日本体育協会、一九六五、p.325

9 吉井四郎「バスケットボール」『第一八回オリンピック競技大会報告書』日本体育協会、一九六五、p.161

10 バスネル「オリンピックに観た日本」『バスケットボール』六五号、一九六四、p.42

11 吉井四郎「男子バスケットボール」『1967年夏季／1968年冬季ユニバーシアード大会報告書』日本体育協会一九六八、p.132

12 吉井四郎「一九六七年ユニバーシアード東京大会（男子）第四回アジア男子バスケットボール選手権大会報告」『バスケットボール』八〇号、一九六八、p.5

13 吉井四郎「一九六七年ユニバーシアード東京大会（男子）第四回アジア男子バスケットボール選手権大会報告」『バスケットボール』八〇号、一九六八、pp.7-8

14「前半戦の人気と実力 バスケットボール日本リーグ〝盛りあがり〟いま一歩」『読売新聞』一九六七年一一月一五日付

15　日本バスケットボール協会広報部会編『バスケットボールの歩み―日本バスケットボール協会五〇年史―』日本バスケットボール協会、一九八一、p.188
16　普及委員会「バスケットボールの競技力向上と底辺の拡充」『バスケットボール』六八号、一九六五、pp.21-24
17　ミニバスケットボール普及委員会「MINI BASKETBALL」『バスケットボール』八三号、一九六八、pp.32-37
18　日本バスケットボール協会ホームページ「競技者登録数一覧表」より
19　笠原成元・吉田正彦「バスケットボール」『第二〇回オリンピック競技大会報告書』日本体育協会・日本オリンピック委員会、一九七三、p.156
20　加藤廣志『高さへの挑戦』秋田魁新報社、一九九二
21　尾崎正敏「バスケットボール」『第二一回オリンピック競技大会報告書』日本体育協会・日本オリンピック委員会、一九七六、p.215
22　日本バスケットボール協会広報部会編『日本バスケットボール協会八〇年史』日本バスケットボール協会、二〇一一、pp.94-95
23　水谷豊『バスケットボール物語』大修館書店、二〇一一、p.77
24　水谷豊『バスケットボール物語』大修館書店、二〇一一、pp.77-78
25　日本サッカー協会ホームページ「サッカー選手登録数 年度別登録数」より

第五章

バスケブームから停滞期へ

SMAPと3オン3

平成三年（一九九一）にCDデビューし、四半世紀にわたり日本のトップを走り続けた男性アイドルグループ〝SMAP〟。彼らはスケートボードを華麗に乗りこなすグループとしてデビューし（前身は〝スケートボーイズ〟）、歌やダンスだけでなくバラエティにも積極的にチャレンジして、幅広い層の支持を得る国民的アイドルとして平成を駆け抜けていった。

初期のSMAPの冠番組『愛ラブSMAP！』（テレビ東京系）では、平成四年（一九九二）九月からストリートバスケットボール、通称〝3オン3〟（スリーオンスリー）のコーナーがスタートした。SMAPのメンバーが芸能人らと三人制バスケで対戦し、一躍人気コーナーとなる。

『愛ラブSMAP！』から少し遅れて、『天才・たけしの元気が出るテレビ!!』（日本テレビ系）でも視聴者参加型の3オン3のコーナーがはじまる。こうした高視聴率のバラエティ番組によって、3オン3の存在が日本中に知れ渡っていった。

平成五年（一九九三）四月には、初のストリートバスケットボールの専門番組として『DUNK 3（ダンク・ダンク・ダンク）』（TBS系）が登場する。同月、東京に「原宿フープタウン」がオープンし、日本初の3オン3の専用コートとしてバスケ好きの若者で賑わった。

同じ頃、東京都内の各地の小学校では、校庭のバスケットゴールが壊される被害が相次いでいた。アメリカのＮＢＡ選手の豪快なダンクシュートに憧れた若者たちが、夕方になると校庭に無断で忍び込み、小学生用の低いゴールでダンクの練習をするようになったことが原因だという。[1]時に暴走気味の若者の行動が社会問題化するほど、バスケットボールは都会を発信源に若者たちの心を捉えて流行していったのである。

こうして、一九九〇年代の日本では一躍〝バスケブーム〟が巻き起こるが、そこには周到な計画で若者のバスケ人気を呼び込んだ仕掛け人がいた。

ＮＢＡがやってくる‼

日本のバスケブームの火付け役は、海の向こうのＮＢＡだった。そのＮＢＡを国内に呼び込んだのは、総合商社の伊藤忠商事である。同社は、昭和六三年（一九八八）に海外のソフトビジネスに乗り出しアメリカの専門弁護士と包括契約を結んだが、映画などのさまざまな権利のなかにＮＢＡ関連の権利が含まれていた。その主な内容は、ＮＢＡに関わる放映権、マーチャンダイジング権（商品化権）、そして日本での試合開催権である。

伊藤忠商事は日本でバスケブームを起こすために長期的な計画を立てる。最初の二年間はNBAの知名度アップに向けてテレビが取り上げるように働きかけ（一九八八年一一月からNHKの衛星放送でNBAの放映開始）、その次にNBAの公式戦を日本に招致し、人気が高まったところでグッズ販売の推進に力を入れた。[2] NBAに関わるすべての権利を持っていた同社の為せる業だといえよう。この試みは、ちょうどアメリカ国内の市場が頭打ちになり、世界進出をはじめたNBA側の目論見とも一致した。

こうして、伊藤忠商事の計画の一環として、平成二年（一九九〇）一一月三、四日、東京体育館を会場にNBAの開幕戦が行われる。アメリカのメジャースポーツが、北米大陸以外で公式戦を行ったのはこれが初めてである。フェニックス・サンズvs.ユタ・ジャズの対戦カードが組まれた理由は、選手の体調不安を懸念したNBA側が、日本との時差を最大限に考慮してアメリカ西部に本拠地を置くチームを選んだからだという。[3]

第一戦はサンズ、第二戦はジャズが勝利し、連日会場を埋め尽くした日本のファンは初めて生で見る世界最高峰のプレーに酔いしれた。この試合のテレビ中継は、衛星放送ではなく地上波のNHKで放送されている。衛星放送の受信契約件数が決して多くはなく、インターネット配信もなかった当時、地上波のNHKで中継が実現したことは、日本中の幅広い世代にＮＢＡの存在を知らしめる大きな効果があった。

開幕戦が成功すると、伊藤忠商事の読み通りＮＢＡのグッズは若者を中心に飛ぶように売れた。そこへきて、さらに日本国内のＮＢＡ人気を決定付ける追い風が吹く。平成四年（一九九二）のバルセロナオリンピックである。

ドリームチームの衝撃

ロサンゼルス大会（一九八四）をきっかけに商業化が進んだオリンピックは、本格的なプロ化の時代に突入する。バスケットボールでも、バルセロナ大会（一九九二）からプロバスケットボール選手の参加が認められ、ＮＢＡ選手が出場するようになった。

世界のバスケットボールのレベルが上がった当時、アメリカは従来の大学生中心のチーム編成ではオリンピックで金メダルはおろか、メダル獲得すら危うい状況に陥っていた。実際、アメリカの男子代表はロサンゼルス大会では金メダルを獲得したものの、続くソウル大会（一九八八）ではヨーロッパ勢に屈して銅メダルに甘んじている。

しかし、オリンピックのプロ化を推進したのは、アメリカのバスケットボール界よりもＦＩＢＡの方だった。ＦＩＢＡのＢ・スタンコビッチ事務総長は、オリンピックにＮＢＡ選手

圧倒的な強さを見せつけた「ドリームチーム」（写真：青木紘二／アフロスポーツ）

を出場させて世界最高峰の戦いをプロデュースするために、ＮＢＡやアメリカバスケットボール協会に働きかける。平成元年（一九八九）四月のＦＩＢＡの総会で、オリンピックを含む国際大会のプロ解禁が正式に決定した。この時、従来通りアマチュアのチーム編成を望んでいたアメリカバスケットボール協会は、プロ解禁の決議に反対票を投じたといわれる。[4]

ともあれ、プロ化容認が決まると、再び輝きを取り戻そうとする母国アメリカの思惑や、オリンピックをきっかけに世界市場に進出しようとするＮＢＡ側の意向が一致し、〝ドリームチーム〟の編成へとつながっていく。ＮＢＡ選手の出場によって、アメリカ代表は他を寄せ付けない圧倒的な強さを手にする。オリンピック本番、コートはドリームチームのショータイムと化した。予選リーグを含め八試合をこなしたアメリカ代表は、すべて百点ゲーム、それも三〇点以上の大差をつけて圧勝し、金メダルを獲得している。

スター軍団を擁するアメリカの強さは日本でもテレビを通じて報じられ、すでに下地が出来上がっていたNBA人気にさらに拍車をかけた。マイケル・ジョーダン、マジック・ジョンソン、ラリー・バードをはじめNBAのスター軍団の人気はすさまじく、少年漫画誌でもドリームチームの特集がカラーページで組まれたほどである。

やがて、NBAがワールドワイドなリーグになるに連れて、アメリカ以外のオリンピック出場国にもNBA選手がいることが珍しくなくなった。アマチュアに限定された時代と比べて、オリンピックのバスケットボール競技のレベルは格段に上がっていく。それは、オリンピック出場権を獲得するための予選でも同様で、オリンピックのプロ化によって、日本が以前より戦いにくくなったことも一面の事実だろう。

エア・ジョーダンとスラムダンク

バルセロナオリンピックで爆発したNBA人気によって、選手が履いているシューズにまで関心が寄せられるようになった。

とくに、シカゴ・ブルズのスーパースター、マイケル・ジョーダンが履くエア・ジョーダンシリーズ（ナイキ社）は、世界中で爆発的な売れ行きを示す。日本でもエア・ジョーダンの人気はとどまるところを知らず、新シリーズが発売されるたびに店頭は人で溢れた。ジョーダンはナイキの顔となったが、実はジョーダンは大のアディダス好きで、ナイキとの契約話が持ち上がるまで同社のシューズを履いたこともなかったというから面白い。[5]

バルセロナオリンピックに合わせて発売されたエア・ジョーダン7のオリンピックモデルは、ドリームチームのユニフォームカラーで、ジョーダンのアメリカ代表の背番号（九番）も入った超人気シューズとなる。ジョーダン以外にも、チャールズ・バークレー（フェニックス・サンズ）のエア・フォース180、スコッティ・ピッペン（シカゴ・ブルズ）のエア・フライト・ライト2、パトリック・ユーイング（ニューヨーク・ニックス）のユーイング・エクリプスなど、オリンピックを沸かせたドリームチームメンバーのシューズが市場に出回っていたが、エア・ジョーダンの人気は別格だった。

同じ頃、日本ではとあるバスケットボール漫画が爆発的にヒットする。井上《いのうえ》雄彦《たけひこ》の『スラムダンク』（一九九〇～九六年 集英社『週刊少年ジャンプ』で連載）である。高校男子バスケットボールを描いたこの作品は、国内の競技人口やバスケットボールファンの急増に寄与することになった。『スラムダンク』よりも少し前から、『DEAR BOYS』（一九八九年～ 講談社『月刊少年マガジン』で複数のシリーズを経て連載中）というバスケ漫画が人気を得ていたが、アニメ化（一九九三～九六年 テレビ朝日系列で放送）も当たった『スラムダンク』

はスポーツ漫画の枠を超えて空前のブームを起こす。

『スラムダンク』は、当時人気を呼んだバスケットシューズとコラボした側面もあり、バスケファンの心をくすぐった。主人公の桜《さくら》木《ぎ》花道《はなみち》はエア・ジョーダン6（途中からエア・ジョーダン1に履き替え）、花道のライバルでチームメイトの流《る》川《かわ》楓《かえで》はエア・ジョーダン5と、ともにナイキの人気シューズを履いてプレーしている。また、同じチームに所属するスリーポイントシューターの三《みつ》井《い》寿《ひさし》はアシックス、キャプテンでセンターの赤《あか》木《ぎ》剛憲《たけのり》とポイントガードの宮城《みやぎ》リョータはコンバースのシューズを履き、多様なラインナップを見せる。実在するシューズを登場人物に履かせたことで、よりリアルなバスケ漫画が誕生した。

『スラムダンク』の人気が沸騰するなかで行われたバルセロナオリンピックで、人びとはドリームチームが魅せる妙技を目《ま》の当たりにする。すでに日本にはミニバスが根付き、一定の競技人口を持っていたため、若者のバスケ人気に着火するのは必然だったといえよう。

東京都中学校体育連盟が平成六年（一九九四）に行った調査では、中学生運動部員の五人に一人がバスケットボール部員で、その背景には『スラムダンク』の爆発的なヒットがあったという。[6]

NBA、ドリームチーム、エア・ジョーダン、3オン3、『スラムダンク』。それぞれの魅力あるコンテンツが折り重なって相乗効果を生み、一九九〇年代の日本に空前のバスケブームを巻き起こしたのである。

大きくても走れます　～日体大の黄金時代～

一九八〇～九〇年代、大学男子バスケットボール界に君臨したのが日本体育大学である。その黄金時代を築いたのは、昭和四四年（一九六九）から平成一七年（二〇〇五）までの間チームを率いた清水義明《しみずよしあき》である。日体大のお家芸が、コートの中央と両サイドを使ったスリーレーンの速攻だった。清水は、スリーレーンの作り方から走るコースやタイミングにも徹底的にこだわり、プレーの状況を判断しながら臨機応変に攻撃を仕掛ける独自の速攻理論を築き上げる。

清水が力を入れたのが、走力のある大型選手の育成である。二メートル級の選手が速攻の先陣を切って走るスタイルは、それまでの日本のバスケットボールにはない斬新な発想だった。〝小さいから走る〟戦法は一九六〇年代初頭までの日本代表に見られたが、〝大きくても走れる〟というチームコンセプトは、日本バスケットボール界の新たな可能性を拓くものでもあった。実際、清水は昭和五六（一九八一）～五八年（八三）、平成二（一九九〇）

〜三年（九一）に日本代表の監督を務め、走力のある大型選手を積極的に起用するチーム作りを実践している。

清水率いる日体大の練習は短時間集中型で、夏や春の合宿期間を除いて長時間の練習が行われることは稀《まれ》だった。そのぶん、合宿中にはマンツーマンディフェンスの基礎やフットワーク、ランメニュー、ドリブルの突き方、パスの出し方、そして実戦的な速攻の練習に多くの時間を費やし、「選手の限界ぎりぎりまでのハードなトレーニング」を課したという。[7]

日体大は中高の体育教員を数多く輩出していたため、各地に散らばった卒業生たちを通して日体大の速攻のスタイルが全国に広まる。また、高校界で結果を残した卒業生の指導者たちが優秀な教え子を日体大に送り、母校を支えるという好循環も強さの秘訣だった。

日体大は、手堅いディフェンスと速攻を武器に全日本大学選手権（インカレ）で一四回（一九六九、七八、八一、八二、八五、八七、八九〜九一、九六〜九九、二〇〇二）の優勝を果たす。一九八〇〜九〇年代には複数の連覇も含まれ、他の追随を許さない圧倒的な強さを誇った。清水が打ち立てたインカレ優勝一四回、そして二五年連続ベスト4という偉業は、いまだに破られていない。

強すぎる高校チーム　～必勝不敗の能代工業～

能代工業高校は、三三回の日本一を達成した加藤廣志の退任後も抜群の強さを維持していた。後任監督の加藤三彦《かとうみつひこ》は、能代工業の代名詞である速攻とオールコートのプレスディフェンスを継承しながら独自のチーム作りを行い、全国優勝の数を通算五八回まで伸ばす。『スラムダンク』にも、この時期の能代工業をモデルにしたチームが〝山王《さんのう》工業〟として登場する。

加藤三彦が率いた能代工業のなかで最も注目を集めたのが、九冠（三年連続三冠）という前人未到の偉業を成し遂げた平成八（一九九六）～一〇年（九八）のチームである。当時、高校バスケットボールの全国大会は、夏のインターハイ、秋の国民体育大会（現在の国民スポーツ大会）、冬のウィンターカップの三つだったが、このすべてで優勝を飾ることを三冠と称した。つまり、九冠とは、入学してから卒業するまで全国大会で一度も負けなかった学年がいたことを意味する。

その伝説ともいえる代の中心選手が、後に日本人初のＮＢＡ選手になる田臥勇太だった。

平成八年（一九九六）に神奈川県から能代工業に入学した田臥は、すぐさまレギュラーの座につく。しかし、最初のインターハイを目前に控えた東北大会で、能代工業は準決勝で宮城県の仙台高校に敗退する。後半の勝負所で田臥が五つ目のファウルを犯して退場したことが響いた。田臥の在学中に能代工業が公式戦で敗れたのは、これが最初で最後である。

　東北大会では田臥はポイントガードとしてプレーしていたが、この起用が敗因と見た監督の加藤三彦は、それ以降は田臥を得点に専念できるシューティングガードのポジションに据える[8]。すると、田臥は持ち前の得点力を遺憾なく発揮し、同級生でシューターの菊地勇樹《きくちゆうき》、センターの若月徹《わかつきとおる》とともに三年間勝ち続けた。

　田臥は一七三センチと小柄だったが、多彩なテクニックで得点を量産し、ディフェンスを引き付けて華麗なノールックパスも繰り出す魅力ある選手だった。高校三年時には全日本の合宿にも招集され、一九九〇年代後半の日本で世間から最も注目を浴びたバスケットボール選手となる。

　田臥というスター選手の存在もあり、当時の能代フィーバーは凄まじかった。九冠達成まであと一冠に迫った最後のウィンターカップでは、会場の東京体育館は連日の超満員で入場制限がかかり、能代工業を見たさに前日から徹夜で並ぶ観客も続出する。会場の窓口だけではチケットが捌《さば》き切れず、最寄りの千駄ヶ谷駅でもチケットが販売されたほどである。

　決勝戦で千葉県の市立船橋高校と対戦した能代工業は、九八対七六で勝利し、前人未到の

田臥（右端）を擁して３年連続３冠という偉業を成し遂げた能代工業（写真：山田真市 / アフロ）

九冠の栄光を手にした。この試合、田臥は三七得点をマークし有終の美を飾る。

能代工業の横断幕に記された〝必勝不敗〟の文字に相応しく、この時の能代工業は〝強すぎる〟高校チームだった。後年、監督の加藤三彦はインタビューに対して、「あえて言わせてもらいますよ。こんなすごいチームはもう現れないです」[9]と語っている。実際、その後の高校男子バスケットボール界で、ここまで勝ち続けたチームは出現していない。

男子日本代表の逆襲

低迷が続いていた男子日本代表は、平成九年（一九九七）のアジア選手権で準優勝し翌年の世界選手権の出場権を獲得した。実に三一年ぶりの快挙である。当時、メディアからの期待は薄く、コートに立った選手たちですら、アジア予選を突破できたことは想定外だったと口を揃えた。[10] 当時の男子日本代表が世界との距離を感じていたことを物語る。

世界選手権ではセネガルに一勝したのみで一四位という結果で終える。しかし、男子日本代表が世界の舞台に返り咲き、国際レベルのバスケットボールを肌で実感したことには大きな価値があった。

もうひとつ、一九九〇年代の男子日本代表を語るうえで欠かせないトピックが、平成七年（一九九五）の福岡ユニバーシアードである。

ユニバーシアードとは、〝大学生のオリンピック〟とも呼ばれる大学生年代の国際大会で、規程の年齢以下なら大学卒業後の選手にも出場資格が与えられるため、男子日本代表は実業団で活躍する若手のメンバーで大会に臨んだ。佐古賢一《さこけんいち》、長谷川誠《はせがわまこと》、古田悟《ふるたさとる》、北卓也《きたたくや》をはじめ、後の日本代表を背負って立つ顔ぶれである。

開催国の日本は、一次リーグの香港、クロアチア、アラブ首長国連邦戦を全勝で突破し、二次リーグでもアイルランドとカナダを破り快進撃を続ける。準決勝ではチェコに勝利し、アメリカの待つ決勝にコマを進めた。決勝では、アレン・アイバーソン、ティム・ダンカン、レイ・アレンなど将来のＮＢＡのスター候補たちに歯が立たず、八一対一四一で敗れたが、日本は堂々の銀メダルを獲得し自国開催のユニバーシアードに花を添えた。
一九九〇年代の男子日本代表はオリンピックにこそ出られなかったが、常に世界への扉を叩き続け、次世代の飛躍につながる種を蒔いていたといえよう。

近くて遠い、女子日本代表のメダルへのチャレンジ

男女日本代表のオリンピックへの挑戦が膠着状態にあるなか、先に扉をこじ開けたのは女子の方だった。平成七年（一九九五）のアジア選手権で三位となり、翌年のアトランタオリンピックの出場権を二〇年ぶりに獲得する。

アトランタオリンピックでは、女子日本代表は決勝トーナメントに進出し、七位入賞を果たす。日本は高確率のスリーポイントシュートを武器に海外のチームと互角に戦ったが、マンツーマンを主体とする四種類の守り方を使い分けるなど、ディフェンス面でも周到な準備をしていた[11]。参加国中、日本は平均身長が最も小さかったが、サイズのないチームが世界で戦うためのモデルを示したのである。

監督の中川文一《なかがわふみかず》は、アトランタオリンピックで明らかになった今後の課題として、①インサイドプレーヤーを育成し充実させること、②今大会に出場した主力メンバーが次のオリン

ピックまで続けられる環境を作ること、③国際試合を豊富に体験していくことの三つを挙げた。[12]

このオリンピックで活躍した萩原美樹子《はぎわらみきこ》は、後に日本人初のWNBA入りを果たす。

平成一二年（二〇〇〇）のシドニーオリンピックは男女ともに出場を逃したが、続くアテネオリンピック（二〇〇四）には二大会ぶりに女子日本代表が出場する。

アジア予選の突破に向けて、日本は過去のオリンピックの成功例を引き継いで、スリーポイントシュート、平面的なスピード、オールコートのディフェンスをコンセプトに強化を進めた。[13] オリンピック予選を兼ねて仙台で開催されたアジア選手権で、日本は韓国を再延長で破りアテネオリンピックの切符を手にする。

アテネオリンピックでは、予選リーグで地元ギリシャに大接戦の末敗れて決勝トーナメント進出はならず、順位決定戦に回り一〇位で終える。日本は独自のバスケットボールで海外の大型チームに対抗したが、オリンピックでのメダル獲得は近くて遠いところにあった。

日本人初のＮＢＡ選手の誕生

平成一六年（二〇〇四）、ついに日本人初のＮＢＡ選手が生まれた。歴史に名を刻んだの

日本人初のNBAプレーヤーとなった田臥勇太
（写真：AP/アフロ）

は、能代工業の九冠の立役者、田臥勇太である。高校を卒業した田臥は、日本の大学ではなく渡米の道を選んだ。NCAA二部のブリガムヤング大学ハワイ校でプレーしたが、NCAAの取り決めや怪我の影響で二年間も公式戦に出られず、三年生の途中で退学し帰国する。

帰国後に加入したトヨタ自動車ではリーグの新人王に輝いたが、田臥の目標はあくまでNBAだった。平成一五年（二〇〇三）に再び渡米すると、NBAの登竜門であるサマーリーグに参加し、独立リーグでプレーする機会を得た。同年、NBAのデンバー・ナゲッツと契約した田臥は、プレシーズンゲームに出場するところまでこぎつける。しかし、開幕登録枠の一二名に残ることはできず、ナゲッツから解雇を言い渡された。

それでも、田臥は挑戦を続けた。平成一六年（二〇〇四）九月にフェニックス・サンズと契約を交わし、プレシーズンゲームで奮闘した結果、同年一一月ついに念願の開幕登録メンバー入りを果たす。この時、田臥はメディア取材に対して、「日本の子どもたちにも、僕がやっていることが間違っていないことを証明したい」[14]と意気込んだ。

平成一六年（二〇〇四）一一月三日、ついにその時が訪れる。アトランタ・ホークスとの開幕戦、大量リードで迎えた第四クォーター、田臥がコートに送り出される。残り六分三三秒で相手のファウルを誘いフリースローを獲得すると、一投目がリングに吸い込まれた。日本人がＮＢＡで初得点を挙げた瞬間である。二投目も成功させた田臥は、残り五分にはスリーポイントシュートを沈め、さらにフリースロー二本を決めて初陣で七得点をマークした。

同年一二月一八日にサンズから解雇されるまで、田臥は四試合に出場している。日本のバスケットボール界にとって、田臥の不屈の挑戦が次世代につながる大きな一歩となったことはいうまでもない。

田臥はＮＢＡが日本に進出した頃にバスケットボールと出会い、バルセロナオリンピックのドリームチームや『スラムダンク』から大きな影響を受けた世代だった。田臥は自著のなかで、小学校の頃から父親の影響でＮＢＡの試合のビデオを繰り返し見たと語っている。[15]一九九〇年代の日本で発生したバスケブームが一人の少年の夢を育み、ついには世界最高峰のＮＢＡの舞台まで辿り着いたのである。

ＮＢＡのグローバル化が招いた母国アメリカの大ピンチ

バルセロナオリンピックをきっかけに、ＮＢＡは本格的な国際化の時代を迎える。ドリームチームに魅せられた世界各国のバスケットボール選手たちが、続々とＮＢＡに挑戦するようになったからである。

ＮＢＡの外国籍選手の割合が増えていくに連れて、世界各国のレベルは確実に上向いていく。すると、次第にオリンピックでのアメリカの地位は脅《おびや》かされ、ついにアテネ大会（二〇〇四）では銅メダルの屈辱を味わうに至った。オリンピックを利用したＮＢＡのグローバルマーケティングは、皮肉にもアメリカ最強伝説の崩壊を招いたのである。事実、アテネオリンピックで各国の中核を担ったのはＮＢＡで活躍する選手たちだった。彼らはバルセロナオリンピックのドリームチームの活躍に触発された世代である。

ところで、ＮＢＡではＦＩＢＡとは異なる独自のルールが採用されている。このルールの違いは、アメリカが国際大会で苦戦を強《し》いられる要因としてたびたび挙げられてきた。

シドニーオリンピック（二〇〇〇）以降、ＦＩＢＡはクォーター制や二四秒ルールの導入など、ＮＢＡルールに歩調を合わせた大幅なルール改正を行う。さらには、平成二二年（二〇一〇）一〇月以降の国際大会では、ゴールからスリーポイントラインまでの距離が六・七五メートルに延び（ＮＢＡでは七・二五メートル）、制限区域も従来の台形からＮＢＡと同じ長方形に変更された。こうしたＦＩＢＡルールのＮＢＡ化は、ＮＢＡのスター軍団で構成されたアメリカ代表チームがオリンピックで金メダルを獲得するための下拵《したごしら》えに見えなくもない。

しかし、ＦＩＢＡルールがＮＢＡに近付けば、アメリカだけではなく世界各国のＮＢＡ選手の活躍が際立つ可能性もあった。ここにも、ＮＢＡのしたたかな戦略が見え隠れする。もし、アメリカがオリンピックで金メダルを逃しても、そこで活躍したのが各国のＮＢＡ選手たちなら、ＮＢＡは地位の失墜をかろうじて免れるという予防線がうっすらと浮かび上がる。

ＮＢＡのグローバル戦略は母国アメリカを窮地に追い込んだが、ＮＢＡ側にはより大きなビジョンがあったと見ることもできる。〝ＮＢＡの世界化〟が達成されると、今度は世界のバスケットボール界がＮＢＡの流れに寄っていくことになり、いまや〝世界のＮＢＡ化〟ないしは〝オリンピックのＮＢＡ化〟という現象が起こりつつあるといえよう。

企業スポーツからプロスポーツへの転換期

昭和四二年（一九六七）に開幕した日本リーグは、一九九〇年代後半に転換期を迎える。

社員の帰属意識の高揚や選手の生活保障など、多方面にメリットを持つ企業スポーツとしての日本リーグは、国内最高峰のリーグとしてうまく機能しているように思えた。

しかし、一九九〇年代にバブルが崩壊すると、日本リーグは一転して大ピンチを迎えた。会社の丸抱えで運営される実業団チームは、会社が経営難に陥ればたちどころに存続が困難になる。とくに、当時の男子の日本リーグでは、外国人選手の採用などプロのような強化体制を組むチームが多く、予算規模が膨らんでいたことも仇になった。

不況による財政悪化は、各企業に所属するバスケットボール部の行方を大きく左右し、一九九〇年代末に多くの企業チームが日本リーグから去った。男子の日本リーグでは、日本鋼管、日本鉱業、住友金属、熊谷組、いすゞ自動車などの名門チームが惜しまれながらも次々と休廃部に追い込まれる。平成元年（一九八九）の男子日本リーグ一部の一二チームのうち、令和七年（二〇二五）現在までチームが継承されBリーグのB1・B2に残っているのは、三菱電機（名古屋ダイヤモンドドルフィンズ）、東芝（川崎ブレイブサンダース）、トヨタ自動車（アルバルク東京）だけである。

こうして、企業に頼ったチーム運営ができなくなると、日本リーグは企業スポーツからの転換を模索するようになった。チームや選手自身を商品化してスポンサーを募り、チケットを売って収益を上げる、プロスポーツとして生き残る選択肢である。

企業チームの休廃部が進みリーグのあり方が問われる最中、日本リーグをビジネスとして売り出し、トップリーグを盛り上げようとする動きが持ち上がる。平成七年（一九九五）にはＪＢＬ（バスケットボール日本リーグ機構）が発足し、新たな方向に舵を切る。一九九〇年代に若者を中心に火が付いたバスケ人気にあやかりたい思惑もあった。

平成一三年（二〇〇一）、ＪＢＬはプロ化を目指してスーパーリーグをスタートさせる。スーパーリーグではプロに近い興行が試みられたが、日本経済が復調せず、投資に見合う収入を得られずに早くも行き詰まってしまう。この時期の日本リーグのプロ化計画は、業績悪化が続く企業に対してチームをプロ化して存続させるか否かという二者択一を迫ることも意味した。[16]プロ化の模索は、結果として企業の撤退を誘発するものだったといわねばならない。

二一世紀に入った頃には、空前のバスケブームは気が付けば終わりを迎えていた。トップリーグのプロ化はタイミングを逸し、以降の度重なる日本協会の内部紛争の噴出や指導現場での暴言・暴力の表面化も相まって、日本のバスケットボール界は停滞期に突入する。

世界選手権での大赤字

平成一八年（二〇〇六）八月、日本で男子バスケットボールの世界選手権が開催された。予選ラウンドを仙台、広島、浜松、札幌で行い、決勝ラウンドはさいたまスーパーアリーナで戦う方式である。

この大会で世界の頂点に立ったのは、ＮＢＡのスター軍団を揃えるアメリカではなくスペインだった。三大会ぶりの優勝を目指したアメリカは、準決勝で現役ＮＢＡ選手がいないギリシャに敗れて三位に沈む。

開催国として出場した日本は、予選ラウンドで一勝四敗と大きく負け越し、決勝トーナメント進出はならなかった。世界選手権の三年前に監督に就任したジェリコ・パブリセヴィッチは、長身で走力のある選手を積極的に起用し、ディフェンス面を強化して大会に臨む。優勝したスペインにこそ五五対一〇四と大敗したものの、ドイツ戦は七〇対八一、アンゴラ戦は六二対八七、ニュージーランド戦は五七対六〇、唯一勝利したパナマ戦は七八対六一というスコアで、世界を相手に善戦した印象も受ける。

日本の成績は大方の予想通りだったが、それよりも注目を集めたのが大会運営の後処理の話題だった。この世界選手権で、総額一三億円の大赤字を計上したことが判明したからである。当初予定されていた一ヵ所での集中開催が地方分散の開催方式に変わって経費がかさんだことや、日本バスケットボール協会にとってテレビ放映権料の取り分が少ない契約だったことなど、見通しの甘さが後に報道された。[17]

日本バスケットボール協会は、事前の取り決めにもとづき赤字額を広告会社の博報堂と折半し、六億五〇〇〇万円を抱える。これが発端となって日本協会の内紛が勃発することになった。ついには、紛争の解決にＪＯＣ（日本オリンピック委員会）が介入し、日本協会の執行部が軒並み入れ替わる事態にまで発展する。

二つに割れるトップリーグ　～ＮＢＬとｂｊリーグ～

リーグのプロ化が行き詰まるなか、不況の煽りを受けて休廃部となった企業チームを中心に、日本協会を飛び出して独立したプロリーグを作ろうという動きが活発化する。

平成一一年（一九九九）のシーズンを最後に休部した大和証券バスケットボール部は、新潟アルビレックスＢＢというプロチームに引き継がれ、ＪＢＬに参入することになった。新潟を立ち上げたのは、福岡ユニバーシアードの監督として日本を銀メダルに導いた河内《かわち》敏光《としみつ》である。地域密着を謳う新潟は次第に集客数を増やして黒字化を成し遂げ、プロ球団としての成功事例を示していった。

しかし、日本協会のプロ化に目立った進展はなく、業を煮やした新潟と埼玉ブロンコスは平成一六年（二〇〇四）六月にＪＢＬを脱退し、本格的にプロリーグの発足に舵を切る。翌年の一〇月、ｂｊリーグ（日本プロバスケットボールリーグ）が発足した。新潟アルビレックスＢＢ、埼玉ブロンコス、仙台89ＥＲＳ、東京アパッチ、大阪エヴェッサ、大分ヒートデビルズの六クラブでの開幕である。ｂｊリーグは、一部ＮＢＡルールを取り込みながら、ＦＩＢＡの国際ルールとは異なる独自のルールを採用してエンターテインメント性を高めていった。

一方、日本協会やＪＢＬのプロ化計画も一歩前進する。平成二五年（二〇一三）、企業チームとプロチームが混在するかたちの新リーグ、ＮＢＬ（ナショナルバスケットボールリーグ）がスタートした。

こうして、ｂｊリーグとＮＢＬという二つの対立軸が出来上がり、日本のバスケットボール界ではトップリーグの分裂が本格化していく。そこへきて、日本の状況を見かねてついに〝黒船〟が来航する。

ＦＩＢＡからの制裁

平成二五年（二〇一三）一二月、ＦＩＢＡのパトリック・バウマン事務総長が来日し、日本バスケットボール協会の幹部と会談を行った。混迷を極める日本のバスケットボール界に警告を与えるためである。同年一二月二五日に発行された『月刊バスケットボール』には、バウマン事務総長が非公式でメディア数社と行ったミーティングの席で語った内容が次のように切り取られている。

「日本のバスケットボールが、野球やサッカーなどと肩を並べるメジャー・スポーツとなるように、二〇二〇年のオリンピックは、その踏み台とならなければならないのです。（中略）二〇〇六年の世界選手権から今まで、何一つ進んでいないように、外からは見えるのです。ｂｊリーグの問題にしても、結局、変わっていません。このまま、何のプレッシャーもなければ、二〇二〇年までも、その後も、何も変わらないのではないでしょうか。（中略）なぜ、トップリーグが二つ存在するのか。なぜｂｊリーグは（ＦＩＢＡルールではない）違うルールを採用しているのか。このことについてもＪＢＡに忠告を与えました[18]」

ＦＩＢＡの来日は、刻々と迫る東京オリンピックに向けてテコ入れをする目的があったことは明確である。そのうえで、バウマンはトップリーグの分立に加え、両リーグの競技ルールの違いを問題視し、日本では東京オリンピックの先を見据えた改革が何も進んでいないことに苛立《いらだ》ちを隠さなかった。

バウマンは、平成二六年（二〇一四）四月にも再来日し、国内トップリーグの統合に向けて具体的な進展がないままなら、同年一〇月にも国際資格停止処分を科すことを示唆した。

しかしながら、新リーグの構想が再三に及んで話し合われながらも、抜本的な改革が進まないまま約束の期限を迎えてしまう。

平成二六年（二〇一四）一一月二六日、ついにFIBAからの制裁処分通知が届き、日本は無期限でFIBAの加盟国協会としての資格を失い、国際的な活動（国際大会や海外遠征など）に一切参加することができなくなった。このままでは、東京オリンピックの参加資格が得られないのはおろか、リオデジャネイロオリンピック（二〇一六）への道も絶たれてしまう。

バウマンは再来日時のインタビューのなかで、「今回の件は男子のトップリーグの問題に、最も目に見える形で現れていますが、これは日本のバスケットボール・ファミリー全体の問題です。ですから、女子も、アンダーカテゴリーも含まれます[19]」と明言した。つまり、この資格停止処分は男女双方の全カテゴリーに及んだため、リオオリンピックの予選を勝ち抜き、本番での上位進出の可能性も期待された女子日本代表は、いわば巻き込まれた状態に陥っていたといわねばならない。

現在から振り返れば、過剰にも思えるＦＩＢＡの制裁は混迷する日本のバスケットボール界が生まれ変わるために不可欠な要因でもあった。ＦＩＢＡからの強烈な外圧がなければ、その後のＢリーグ開幕までのプロセスが順調に進むことはなかったといわれる。[20]その背景には、東京オリンピックがあった。オリンピックの自国開催とは、長い間テコでも動かなかった出来事を前進させるほどの影響力を持つものなのである。

表面化する暴言・暴力

この時期、日本のバスケットボール界に内在していた問題は、ＦＩＢＡが指摘した日本協会のガバナンスの欠如だけではなかった。現場レベルでも指導者による暴言・暴力が横行していたのである。

平成二四年（二〇一二）一二月、大阪の桜宮《さくらのみや》高校の男子バスケットボール部員が、顧問から受けた体罰などを理由に自ら命を絶った事件は社会に衝撃を与えた。これをきっかけに、バスケットボールを含むスポーツ指導者による暴言・暴力が一気に表面化し、社会問題となる。翌年、日本体育協会（当時）、日本オリンピック委員会、日本障害者スポーツ協会（当時）、全国高等学校体育連盟、日本中学校体育連盟の連名で『スポーツ界における暴力行為根絶宣言』が採択された。

日本バスケットボール協会はコーチライセンス制度の改革に乗り出し、資格取得や更新講習の内容を大幅に改める。従来の座学による知識付与型の形態から、グループディスカッションを通して受講者同士で学びを深める内容にシフトし、ハラスメントの防止を含むインテグリティの確保や選手とのコミュニケーションを学ぶ時間も重視した。

令和元年（二〇一九）以降は、試合中の指導者の暴言・暴力に対してテクニカルファウルを積極的に適用する方針が採用される。このことは、スポーツ界のハラスメントが社会問題化してからも、バスケットボールの指導者による暴言・暴力が収まらなかった現実を意味する。

その後も指導現場で暴言・暴力がなくなることはなかった。令和三年（二〇二一）の春、日本バスケットボール協会は小学生のチームを対象に暴言・暴力に関するアンケート調査（有効回答 九三三二人）を行っている。その結果、練習試合中や練習中に指導者からの暴力があると回答した保護者が一割あまり、暴言については三割あまりに及んだ。[21] 数字のうえでは、バスケットボールをする日本の子どもたちは、一〇人に一人が暴力を受け、一〇人に三人が暴言を浴びせられていたことになる。

こうした指導者の振る舞いは、バスケットボールの未来にも多大な悪影響を及ぼす。

大学生を対象としたスポーツ心理学的な研究によると、指導者から暴力的な指導を受けた経験がある者ほど、指導中の暴力を容認する傾向にあり、自身が指導する立場になった時にも暴力を用いると回答したという。[22] つまり、指導者による暴力行為は、次世代のバスケットボール界にも〝暴力の連鎖〟を受け渡してしまうのである。一刻も早くこの悪循環を断ち切らなければならない。

一九八〇～九〇年代は日本人の間に空前のバスケブームが起こったが、その背景には、指導者による暴言・暴力を見て見ぬふりをしてきた事実もついてまわる。日本のバスケットボールの歴史を語るうえで、この問題を避けて通ることはできない。

1　「ダンクでグニャリ　被害続出、小学校のバスケットゴール　ヤングが無断練習」『読売新聞』一九九三年一一月八日付

2 「人気爆発ＮＢＡプロバスケ」『読売新聞』一九九二年一二月一八日付

3 大坪正則『スポーツと国力』朝日新聞社、二〇〇七、p.125

4 水谷豊「バスケットボールプレーヤーのオリンピック出場資格に関する一考察―アマチュア限定からプロ容認への変化―」『バスケットボール研究』六号、二〇二〇、p.95

5 シュトラッサー・ベックランド著、白土孝訳『スウッシュ ―NIKE［裏社史］挑戦と危機と革新の「真実」―』祥伝社、一九九八、pp.685-712

6 「バスケ〝寡占〟漫画ヒットで部活超人気 五人に一人が部員 都内の中学調査」『読売新聞』一九九四年一二月五日付

7 清水義明「練習の位置づけと取り組み方」『バスケットボール・マガジン・クリニック』六巻一〇号、一九九八、pp.4-7

8 田口元義『9冠無敗―能代工バスケットボール部 熱狂と憂鬱と―』集英社、二〇二三、pp.39-40

9 田口元義『9冠無敗―能代工バスケットボール部 熱狂と憂鬱と―』集英社、二〇二三、p.11

10 日本バスケットボール協会広報部会編『日本バスケットボール協会80年史』日本バスケットボール協会、二〇一一、pp.135-136

11 中川文一「女子日本代表ディフェンスの変遷」『中学高校バスケットボール』四巻三号、二〇一〇、p.87

12 中川文一「バスケットボール（女子）」『第二六回オリンピック競技大会報告書』日本オリンピック委員会、一九九七、p.213

13　内海知秀「バスケットボール」『第二八回オリンピック競技大会（二〇〇四／アテネ）報告書』日本オリンピック委員会、二〇〇四、p.371
14　「田臥勇太さん 日本人初の米プロバスケットNBA選手」『朝日新聞』二〇〇四年一一月四日付
15　田臥勇太『Never Too Late』日本文化出版、二〇〇三、pp.13-14
16　河内敏光『意地を通せば夢は叶う！』東洋経済、二〇〇五、pp.46-47
17　「日本バスケ協会内紛 人事・予算、泥沼化 打開へJOCが介入」『読売新聞』二〇〇八年二月七日付
18　飯田康二「東京オリンピック・パラリンピック開催でFIBAが日本に求める改革」『月刊バスケットボール』四二巻二号、二〇一三、p.175
19　飯田康二「緊急インタビューFIBAパトリック・バウマン事務総長 大いなる志を持ち日本バスケットボール・ファミリーの心を一つに」『月刊バスケットボール』四三巻二号、二〇一四、p.156
20　大島和人『B.LEAGUE 誕生』日経BP、二〇二一、pp.21-25
21　日本バスケットボール協会ホームページ「U12保護者アンケート結果サマリーについて」より
22　阿江美恵子『スポーツ心理学からみた体罰の防止と指導者・競技者育成』福村出版、二〇二二、pp.39-40

第六章

ブームから文化への挑戦

新制プロリーグ改革

平成二六年（二〇一四）一〇月に日本がＦＩＢＡから国際的な資格停止処分を受けたことは先に述べたが、平成二七年（二〇一五）が明けると問題の解決に向けて事態が大きく動き出す。ＦＩＢＡは文部科学省、ＪＯＣ、日本体育協会（当時）と連携し、タスクフォースの人選を進めた。

タスクフォースのチェアマンとして改革のトップを任されたのは、かつてサッカー界のプロ化を成し遂げ、Ｊリーグ設立の立役者となった川淵三郎《かわぶちさぶろう》である。川淵のチェアマン就任には伏線があった。その前年の春から、すでに川淵は新制リーグの設立に向けた調整役として、日本協会やｂｊリーグ、ＮＢＬの代表者と水面下で話し合いを重ねていたという。[1]

川淵を中心とするタスクフォースは“JAPAN 2024 TASKFORCE”と名付けられた。このタスクフォースには、急場しのぎの改革ではなく、東京オリンピックの先を見据えた一〇年後（二〇二四年）のビジョンを描く役割が期待されていたことがわかる。

タスクフォースが担った解決すべき課題は、①男子二リーグの統合、②日本バスケットボール協会のガバナンスの強化、③男女日本代表の強化体制の確立の三つである。[2] 改革の期限は同年の五月下旬とされ、タスクフォースの始動からわずか四ヵ月間で最終案をまとめる必要があった。日本のバスケットボール界の未来をかけた、待ったなしの改革がはじまる。

なかでも、ＦＩＢＡから改革の最優先課題として要求されたのが、長きにわたる懸案事項だったトップリーグの統合である。タスクフォースは、先行事例のＪリーグをモデルとした地域密着のコンセプトのもと新たな構想を打ち出していく。地域に根差した新制プロリーグを成功に導くために、川淵が最も重視したのがアリーナの問題だった。

タスクフォースの第一回会議を経て、川淵は「プロバスケットボールが成功するか否かの全てがアリーナにある」と語っている。五〇〇〇人規模のアリーナを優先的に使用できる状況を作るように各チームに求め、行政や地方協会等と連携して現状のアリーナ環境を変えていくことが川淵の案だった。[3] プロリーグを定着させるためには、観客が試合を〝みる〟環境の整備が必要不可欠だったのである。

同年三月のタスクフォース会議で新リーグの概要や入会基準が定められ、四月には「ジャパン・プロフェッショナル・バスケットボールリーグ」が立ち上がり、二四チームが入会申請を行った。ＮＢＬとｂｊリーグの分立を解消する〝Ｂリーグ〟の誕生である。

こうして、ＦＩＢＡからの大きな宿題が片付き、六月に開かれたタスクフォースの最終会議で改革案が報告された。これを受けて、ＦＩＢＡは日本に対する資格停止処分を解除し、リオデジャネイロオリンピック、さらには東京オリンピック出場への道が拓けていく。

リオデジャネイロでの躍進

アテネオリンピックで復活を遂げたかに見えた女子日本代表だったが、オリンピックへの連続出場は叶わず、北京大会（二〇〇八）、ロンドン大会（二〇一二）の出場を逃した。

ロンドンオリンピックの予選敗退を受けて、日本代表メンバーの若返り、個人の競技レベルの向上、精神面で国際大会に強い選手の育成に主眼を置いた新たな強化策が推し進められた。[4] その甲斐もあって、平成二五年（二〇一三）のアジア選手権では四三年ぶりに女王の座を奪還する。翌年の世界選手権では予選リーグで敗退したものの、アジア選手権（二〇一五）では連覇を達成し、一二年ぶりにオリンピックの舞台に返り咲いた。

リオデジャネイロオリンピック（二〇一六）に向けて、スピードで押し切るだけではなく攻撃システムのバリエーションを増やし、ディフェンス面ではオールコートの守りでトラップを仕掛けてターンオーバーを誘うような戦術の浸透が図られていく。また、世界との決定的な差は身体接触の強度にあるという認識から、筋肉量を増やしつつ、日本の長所であるスピードを損なわないトレーニングに取り組んだ。[5] 世界のサイズやプレーの強度に慣れるため、海外遠征を含めた一九ゲーム（一二ヵ国）に及ぶ国際試合がマッチメイクされる。

オリンピック本番では、女子日本代表はベラルーシ、ブラジルという強豪国を退けて予選リーグを突破し（トルコとオーストラリアには敗戦）、決勝トーナメントに進む。準々決勝では女王アメリカに敗れたものの、コート狭しと駆け回り、素早い展開で積極的にシュートする日本のバスケットボールは、世界に十分通用することを証明した。この大会でベスト8に進出した日本は、一躍世界の覇権争いに名乗りを上げる。

Bリーグの開幕

平成二八年（二〇一六）九月二二日、東京の国立代々木競技場第一体育館で、ついにBリーグが開幕の日を迎える。

開幕戦のカードはアルバルク東京vs.琉球ゴールデンキングスだった。試合会場の東京が本拠地で実力のあるチームとしてアルバルクが、旧bjリーグ勢から人気と強さを備えたチームとしてキングスが選ばれたという。[6]

チケットは前売りで完売し、代々木第一体育館には九一三二人（主催者発表）の観客が詰めかけた。ＬＥＤビジョンが敷き詰められた特設コートには、試合展開に応じてＣＧが映し

満員のなかで開幕したＢリーグ
（写真：日刊スポーツ / アフロ）

出され、アーティストによるド派手なパフォーマンスも披露される。光と音に包まれた会場は、新制プロリーグを印象付ける空間が演出されていた。この日の試合は、アルバルク東京が八〇対七五の僅差で琉球ゴールデンキングスを振り切り、歴史的な一戦の勝者となる。試合の模様は地上波（フジテレビ）でも生中継され、大きな話題を呼んだ。

試合に先立ち、大河正明《おおかわまさあき》チェアマンは次のようにスピーチしている。

「バスケットボールで日本を元気にしたい。その思いを胸に大きな夢と高い志を持って、Ｂリーグは未来に挑戦していきます。ブレイク・ザ・ボーダー。二〇一六年九月二二日、Ｂリーグの開会を宣言します」

また、試合後のコートでは、アルバルク東京のキャプテン正中《しょうなか》岳城《たけき》が、Bリーグの全チームの選手を代表して「決意宣言」を行った。

「今日のこの素晴らしい開幕戦に立ったチームとして、またその一員として、これからのリーグの発展に向けて、選手としてとにかく愚直に競技力の向上に励み、プロスポーツ選手として、自らの質の向上に努めることによって、皆さまから愛される、そして皆さまから応援していただくに相応しい、選手・チームとなっていくことを、今日ここで選手を代表し、宣言いたします」

紆余曲折を経て辿り着いた開幕戦は、日本のバスケットボール界の未来へ思いを馳せ、新制プロリーグへの期待を膨らませる場となった。

試合を〝持ち運ぶ〟時代へ

インターネット回線が世界中を駆け巡る時代が訪れると、スポーツ観戦の環境は劇的に変化した。海外の人気スポーツの試合をリアルタイムで観戦したり、動画配信サイトに接続して好きな時に好きなだけ試合観戦を楽しめるようになったからである。さらに、スマートフォンが普及すると、移動しながら手のひらで試合を持ち運ぶことも可能になる。

Bリーグは、スマートフォンの普及に目を付けたデジタルマーケティングで潜在的なバスケットボールファンを掘り起こした。日本のバスケットボールは部活動を中心に安定した競技人口を持ち、しかも男女に偏りなく普及しているという特徴がある。

Bリーグが実施した調査（二〇一五）によると、「バスケットボールを観戦したい」と感じている人たちは若い世代に多かったという。ここに目を付けたBリーグは、「若者」と「女性」をターゲットとした戦略を練り、ターゲット層と親和性の高いスマートフォン一台で、チケット購入、試合映像の視聴、グッズ購入などが完結できる「スマホファースト」のマーケティングを展開し、顧客情報のビッグデータ分析にも取り組んだ。[7]

Bリーグは、SNSにプレー動画や選手のオフコートの様子を積極的に投稿し、二〇一七～一八シーズンにはフェイスブック、ツイッター、インスタグラムのフォロワー数が前シーズンと比べて三割増の約四一万人に達した。レギュラーシーズンの一試合平均入場者数は、Bリーグ一部（B1）と二部（B2）で一二％増の数字をマークしている。[8]

リーグ全体の運営にとどまらず、各チームでも時代を捉えたデジタルマーケティングが進む。川崎ブレイブサンダースは、SNS（交流サイト）を顧客の属性に合わせて使い分け、新規ファンの獲得や既存ファンの満足度を高めていった。その結果、ホームゲームの平均来場者数を大きく伸ばすことに成功する。

留学生の台頭とその意義

二〇〇〇年代に入ると、高校バスケットボール界ではセネガル、ナイジェリア、コンゴ、マリなど、アフリカ諸国からの留学生の活躍が目立つようになる。最初は男子で、少し遅れて女子でも、センターのポジションに長身の留学生を起用する高校が増えていった。

留学生の台頭により高校界の勢力図も変わる。それ以前にも、中国をはじめアジア圏からの留学生は少なくなかったが、ゴール下を制圧するアフリカ勢のインパクトは強烈だった。

やがて、日本の高校界の留学生の増加には、ＦＩＢＡも目を光らせるようになる。平成三〇年（二〇一八）、ＦＩＢＡは日本の高校でプレーする留学生を「競技目的での来日」と見なし、一八歳以下の国際移籍に関する規則を順守するよう日本協会に通達を出す。ＦＩＢＡは、紛争の未然防止などを目的に一八歳未満の国際移籍を原則禁止しているが、各校の教育環境の整備や、ＦＩＢＡの基金に留学生一人あたり三〇〇〇スイス・フラン（当時のレートで約三三万円）の寄付を条件に、特例として移籍を認めることが報じられた。[9]

いまや、高校バスケットボールの全国大会では留学生を起用するチームは珍しくない。男女を問わず、ゴール下で繰り広げられる留学生同士のマッチアップは見応えがある。高校界で活躍した留学生は日本の大学に進むケースが多く、大学バスケットボール界でも留学生が勝敗におよぼす影響は少なくない。

留学生の起用についてはかねてから論争があった。その多くは、留学生とプレーすることで日本人選手のレベルアップが図れるという肯定的な見解と、留学生の影響力で試合に勝とうとするチームに対する不公平感からくる批判的な見解だろう。

もっとも、ＦＩＢＡが懸念するように、留学生を勝利の請負人としてしか見ない態度は戒《いまし》めなければならない。しかし、留学生がバスケットボールと同時に日本の文化や言葉を学び、質の高い教育を受け、多くの人びとと交流する機会を得ているとするなら、彼らにとって日本にやってきたメリットは大きい。

また、日本の高校生にとっても、留学生の出身地の文化を知ることは、日本という国を相対的に認識し得る国際理解教育の一助となる。異文化にルーツを持つ者同士が一緒にバスケットボールをすることで国際交流はできても、それだけでは互いのアイデンティティを確認し合う国際理解までには至らないのである。

論争の行方はともかく、バスケットボールをきっかけに来日した留学生との関わりを、国際交流から一歩進めて〝国際理解〟へと位置付ける思考も必要だろう。

日本人選手、続々と海を渡る

日本人選手の海外挑戦のパイオニアの一人が長谷川誠《はせがわまこと》である。バスケットボールの名門の能代工業高校、日本大学で活躍した長谷川は、卒業後は日本リーグの松下電器でタイトルを総なめにし、その後移籍したゼクセルとはプロ契約を結ぶ。平成一二年（二〇〇〇）、長谷川は渡米してアメリカのＡＢＡ（アメリカン・バスケットボール・アソシエーション）のサンディエゴ・ワイルドファイアイヤに入団し、日本の男子で初めて海外のプロリーグでプレーしたバスケットボール選手となった。

同じ頃、田臥勇太がアメリカの大学に挑戦し、やがてＮＢＡ選手になったが、田臥は高校卒業後に海を渡ったという点で、やはりパイオニアである。田臥のＮＢＡ入りは、日本の若い世代、とくに中高生たちにインパクトを与えた。

日本代表キャプテンとして東京・パリオリンピックに出場した富樫勇樹《とがしゆうき》は、中学卒業と同時に渡米し、アメリカの名門でＮＢＡ選手を多数輩出するモントロス・クリスチャン高校で主力としてプレーした。平成二四年（二〇一二）に帰国した富樫は、ｂｊリーグの秋田ノーザンハピネッツでプレーし、再び渡米して平成二六年（二〇一四）にＮＢＡのダラス・マー

渡邊雄太は6年間NBAでプレーした後にBリーグ入りした
（写真：USA TODAY Sports/ ロイター / アフロ）

ベリックスと契約を結ぶ。開幕登録メンバー入りは叶わなかったが、富樫は日本人で二人目のNBA契約選手となった。

渡邊雄太は、香川県の尽誠学園高校時代から将来を嘱望される有望株として知られていた。高校生ながら日本代表候補に選出され、卒業後に渡米する意向を固めたものの周囲からの反対にあう。そんな渡邊の背中を押したのが田臥勇太だった。渡邊は平成二五年（二〇一三）にアメリカに渡り、プレップスクール（大学進学の予備校）を経てNCAA一部のジョージ・ワシントン大学でプレーし、四年次にはキャプテンとしてチームを牽引した。

平成三〇年（二〇一八）、渡邊はNBAのメンフィス・グリズリーズとツーウェイ契約を結ぶ。

その後、開幕登録メンバーに残ると、一〇月二七日のフェニックス・サンズ戦でコートに立ち、日本人として二人目のNBA選手としてその名を刻んだ。

次節で取り上げる八村塁も、日本の高校を卒業後、アメリカのNCAA一部の大学で活躍してからNBA入りしたという点では、渡邊雄太と同じコースを辿っている。愛知県の桜《さくらが》丘《おか》高校を卒業後に渡米し、NCAA一部のネブラスカ大学でプレーしてNBA入りを目指す富永啓生《とみながけいせい》も然りである。

留学というかたちではなく、かつての長谷川誠のように日本の大学を経て海外のリーグに挑戦するケースも増えた。東京・パリオリンピックのメンバーでいえば、馬場雄大《ばばゆうだい》は筑波大学在学中にBリーグのアルバルク東京に入団し、後に渡米してNBA下部組織のGリーグでプレーしている。比江島慎《ひえじままこと》も青山学院大学卒業後にNBL（当時）のアイシンシーホース三河でプレーし、平成三〇年（二〇一八）にオーストラリアのプロリーグに移籍して、翌年にはNBAのサマーリーグにも挑戦した。

令和六年（二〇二四）には、Bリーグから初めてのNBA選手が生まれる。河村勇輝《かわむらゆうき》は、福岡第一高校から東海大学（中退）を経てBリーグの横浜ビー・コルセアーズに入団した。その後、ワールドカップやパリオリンピックで活躍した後に渡米し、NBAのメンフィス・

グリズリーズとツーウェイ契約を結び、開幕登録メンバーに名を連ねる。河村は、一〇月二六日のヒューストン・ロケッツ戦で日本人四人目のNBA選手としてデビューを飾る。日本の大学やBリーグで育った選手がNBA入りを果たしたことは、国内の急速なレベルアップを象徴する出来事だといえよう。

女子選手も同様に海外挑戦を繰り返してきた。むしろ、世界最高峰のリーグに辿り着いたのは女子の方が早い。アトランタオリンピックで活躍した萩原美樹子は、平成九年（一九九七）にWNBAのサクラメント・モナークスからドラフト二巡目、全体一四位で指名され、日本人初のWNBA入りを果たした。アテネオリンピックで日本を牽引した大神雄子《おおがゆうこ》は平成二〇年（二〇〇八）にフェニックス・マーキュリーと契約し、日本人で二人目のWNBA選手となる。リオデジャネイロオリンピックで日本のベスト8に貢献した渡嘉敷来夢《とかしきらむ》は、平成二七年（二〇一五）からWNBAのシアトル・ストームで三シーズンの間プレーした。東京オリンピックで世界一のアシストを披露した町田瑠唯《まちだるい》も、令和四年（二〇二二）にWNBAのワシントン・ミスティックスと契約し、夢の舞台に駆け上がっている。

このように、日本のバスケットボール選手は、男子は二〇〇〇年代、女子は一九九〇年代後半から海外に目を向けるようになり、先駆者の挑戦に刺激を受けた若い世代が続々と海を渡るようになったといえよう。

日本人がドラフト一巡目指名⁉

日本人の海外挑戦が加速するなか、令和元年（二〇一九）には八村塁がNBAのドラフト一巡目で指名を受けた。

富山県出身の八村塁は、宮城県の明成《めいせい》高校に進みウィンターカップ三連覇を達成すると、卒業後は渡米の道を選び、NCAA一部のゴンザガ大学に進学する。ゴンザガ大学でエース級の活躍を見せた八村は、三年目のシーズンを終えると四年目を待たずにアーリーエントリーを表明し、NBAのドラフトを迎えることになった。

現在のドラフト制度では、NBAの三〇チームはそれぞれ二人ずつ（一〜二巡目）を指名するため（トレードでドラフト権が移動する場合はある）、ドラフトにかかる新人は毎年六〇名のみである。ワシントン・ウィザーズから一巡目の九位で指名された八村は、この年の新人選手のなかでも上位の実力を見込まれたことになる。

渡米する前はほとんど英語が話せなかった八村だったが、ドラフトで自身の名前が呼ばれた後のスピーチでは、「まず、中学時代のコーチに感謝したい。高校、大学の監督、コーチ、

2019年のNBAドラフトで一巡目9位指名された八村塁
（写真：USA TODAY Sports/ロイター/アフロ）

トレーナーにも感謝したい」と流暢な英語で周囲への感謝を口にした。[10]

実は、日本人がNBAのドラフトにかかったのは、これが初めてではない。現在のようにドラフトの指名人数の制限がなかった昭和五六年（一九八一）には、住友金属に所属していた身長二メートル二四センチの岡山《おかやま》恭崇《やすたか》が、ゴールデンステイト・ウォリアーズから八巡目の一七一位で指名されたが、契約には至らなかった。

当時、ウォリアーズの顧問を務めていたのは、東京オリンピックで男子日本代表を指導したピート・ニューエルである。日本の事情をよく知るニューエルは、「いまの彼にはプロで通用する力はない。それに、ロス五輪をめざす全日本の大黒柱を引き抜く気持ちもない」[11]と語った。昭和五九年（一九八四）

のドラフトでは、シカゴ・ブルズが一〇巡目の二〇八位で陸上界のスーパースターのカール・ルイスを指名したこともある。下位になると、話題性のある人物を指名していた時代である。

岡山の電撃指名からおよそ四〇年後、日本人選手が活躍を見込める戦力としてＮＢＡからドラフト一巡目で指名される日が来ようとは、誰が想像しただろうか。

男子バスケ、四四年ぶりのオリンピックへ

令和二年（二〇二〇）の東京オリンピックが近付くなか、ＦＩＢＡは日本に開催国としての出場枠を与えることには慎重だった。男子二リーグ制の一本化や日本協会のガバナンスの問題は解決に向かい、国際的な資格停止処分は解除されたものの、代表チームの競技力向上という重要な課題が残されていたからである。この点、リオデジャネイロオリンピックで八位入賞を果たした女子は当確と目されていたが、男子はいまだに目立った成果を挙げられないままだった。

ＦＩＢＡが強化の目安として求めたのは、ワールドカップでベスト16相当という水準である。当時、男子日本代表は世界ランキングで四〇位台後半の位置付けだったが、東京オリン

ピックに出るためには、令和元年（二〇一九）に中国で開催されるワールドカップの出場権を何としても勝ち取る必要があった。

しかし、ワールドカップ出場をかけたアジア一次予選で、日本は開幕四連敗を喫してしまう。この窮地を救ったのが、ゴンザガ大学に所属していた八村塁だった。当時、世界ランク一〇位のオーストラリアに対して（日本は四八位）八村は二四得点を叩き出し、奇跡の勝利を収める。これで火がついた日本は一次予選を突破し、NBA選手となった渡邊雄太の活躍もあり二次予選でも勝ち続け、四連敗からの八連勝でワールドカップの出場権を手にした。

この躍進を評価したFIBAは、男女日本代表に開催国枠としての東京オリンピック出場権を与えた。女子はリオデジャネイロ大会に続くオリンピック出場だったが、男子はモントリオール大会（一九七六）以来、四四年（実際には延期により四五年）ぶりの快挙である。

ワールドカップ本番は、一次ラウンドのトルコ、チェコ、アメリカ、順位決定ラウンドのニュージーランド、モンテネグロとの戦いにすべて敗れ、五連敗で閉幕する。東京オリンピック後に公表された男子日本代表のテクニカルレポートには、この時のワールドカップを振り返り、次のように記載されている。

「二〇一九年の夏、実に一六年ぶりの世界大会となる中国でのワールドカップで五連敗を喫したとき、我々は世界のバスケットボールの進化のスピードを目の当たりにした。あの時点での日本代表は『世界の舞台で戦うためのスタンダード』を知らなかったと言っていい。世界と戦う準備ができていなかったのである」[12]

このワールドカップは、男子日本代表が世界に打って出るために必要な通過点で、世界水準のバスケットボールを肌で実感する貴重な経験だったと位置付けてよい。

新型コロナウィルスの脅威

東京オリンピックを目前に控え、上り調子だった日本のスポーツ界を震撼させたのが、世界中を混乱に陥れた新型コロナウィルスという見えない敵だった。東京オリンピック・パラリンピックは一年延期となり、春先のプロスポーツは軒並み興行中止や開幕延期、高校生のひのき舞台である甲子園やインターハイも中止に追い込まれる。この出来事はスポーツが不滅のコンテンツではなく、世の中の平穏を前提に成り立っていることを改めて知らしめた。

敵味方の接触が多いバスケットボールは感染リスクが高い競技だとみなされ、大きな打撃を受ける。ましてや、緊急事態宣言が発令され〝ステイホーム〟が強く呼びかけられた時期には、カテゴリーを問わずチームで集まって練習することは容易ではなかった。

日本バスケットボール協会は、令和二年（二〇二〇）六月に『新型コロナウイルス感染症に関するバスケットボール活動再開ガイドライン』を策定し、コロナ禍でも人びとがバスケットボールを楽しめる道筋を立てていく。しかし、全国大会の切符を手にしながら、大会直前や大会期間中にチーム内で感染が確認され、出場辞退に泣いた中高生のチームも相次いだ。

長期化する新型コロナウィルスの猛威は、オリンピックを控えた日本代表にも大きな影響を与えた。男子日本代表はアメリカ代表との強化試合を含む海外遠征を計画していたが、軒並み中止となる。代表チームの選手やスタッフは、連日のPCR検査や宿舎での隔離生活など、それまでにないストレスを抱えながら東京オリンピックに向けて励んだ。

高かった世界の壁　～東京オリンピック～

令和三年（二〇二一）の夏、無観客という条件付きながら、待ちに待った東京オリンピックが一年遅れで開幕する。国立競技場で行われた開会式では、NBAの舞台で活躍して日本スポーツ界の顔となった八村塁が旗手をつとめた。

男子日本代表は四五年ぶりの舞台で三試合を戦った。初戦のスペイン戦は七七対八八、二戦目のスロベニア戦は八一対一一六、三戦目のアルゼンチン戦は七七対九七とすべて敗れ、また高くそびえる世界の壁に跳ね返される。しかし、その試合内容は二年前のワールドカップとは異なり、互角に戦える時間帯や日本の見せ場も多く見られた。

日本協会のテクニカルレポートは、東京オリンピックを「二〇一九年W杯と今大会の一番の違いは、〝どれだけ勝ちにこだわって戦ったか〟であった。それは、ただ勝ちたいという気持だけではなく、二年前とは明確に違う〝世界と渡り合えるという『自信』〟をもって大会に臨むことができた、という意味である」[13]と評価している。結果には表れなかったが、東京オリンピックの男子日本代表の戦いぶりからは明らかな成長が感じ取れた。

オリンピックのコートに立ち、チームの大黒柱として活躍した八村塁は、大会後のインタビューで次のように語った。

「二年前のFIBAワールドカップと比べれば、確実に僕らもチームとして成長しています。結果は出ていませんが、世界との差は縮まっていると思っていますし、感覚としてしっかり食らいついていました。NBA選手や海外で活躍する選手が増えていけば、日本代表ももっと強くなっていくと思いますし、これからが楽しみです」[14]

八村は、ワールドカップと東京オリンピックを比べて確かな手応えの違いを見出し、日本人選手の海外挑戦の増加がさらなる成長の伸びしろであるという将来像を示した。

東京オリンピックで金メダルに輝いたのはアメリカである。予選リーグではフランスに敗れたが、決勝のフランスとの再戦は僅差で雪辱を果たす。波乱もありながら、終わってみれば四大会連続の金メダルを獲得したアメリカは、〝やっぱり強い〟ことを世界中に印象付けた。

女子バスケの快進撃

東京オリンピックでは、これまで何度も世界の壁に跳ね返されてきた女子日本代表が、ついに悲願のメダルを獲得する。

日本の選手たちが放つスリーポイントシュートは次々とネットを揺らした。出場チームのうち、日本のスリーポイントシュートの成功率は第一位の三八・四％、成功数も第一位で、二位のフランス（四九本）を大きく引き離す七三本を記録している。数字のうえでも世界一だった日本の正確無比な長距離砲は、高さの不利を克服するうえで強力な武器になった。

銀メダルの立役者の一人が、司令塔の町田瑠唯である。ベスト8以上の選手のなかで最も小柄な一六二センチの町田は、世界の強豪相手に臆せずドリブルで切り込み、ディフェンスを引き付けて味方に絶妙なアシストパスを送り、シュートチャンスをクリエイトした。

巧みな動きで相手を翻弄した町田瑠唯
（写真：ロイター / アフロ）

トム・ホーバス監督が浸透させた、五人全員が外側に広がり積極的にスリーポイントシュートを打つスタイルは、町田がスピードを生かしてドリブルで中に切り込むスペースを作り出した。大会を通して町田が積み上げたアシスト数は驚異の七五。準決勝のフランス戦では、オリンピック新記録となる一八アシストをマークし、世界が認めるアシスト女王となる。

女子代表の快進撃のなかでも、多くの人の記憶に刻まれたのが、準々決勝のベルギー戦、残り一五・二秒で逆転勝利に導いた林咲希《はやしさき》のスリーポイントシュートである。全六試合で林が決めたスリーポイントシュートは一七本、成功率は四八・六％と圧倒的な数字を叩き出した。

大会を通して、林よりも多くのスリーポイントシュートを沈めたのが宮澤夕貴《みやざわゆき》だった。六試合で一九本、成功率は四三・二%を記録している。長い時間をかけて磨いたワンハンドシュートが大一番で物を言った。高校時代、一八〇センチを超える長身の宮澤はセンターだったが、卒業後に飛び込んだ実業団チームで出番を得るにはアウトサイドのプレーを習得する必要があった。その宮澤にワンハンドシュートの手ほどきをしたのが、当時チームスタッフの一人だったトム・ホーバスである。[15] ホーバス直伝の高い打点から放たれるスリーポイントシュートは、東京オリンピックの大舞台でも放物線を描いて次々とリングに吸い込まれた。

ただし、ホーバスは日本のすべての女子選手にワンハンドシュートを推奨したわけではない。彼は著書のなかで、ツーハンドでシュートする選手が多い日本がオリンピックで成功を収めたことから、「世界のほうがツーハンドで打つべきではないか」とも語っている。[16]

メダル獲得をかけて臨んだ準決勝のフランス戦では、日本の得意なスピーディな展開に持ち込み、格上を寄せつけず八七対七一で快勝する。これにより銀メダル以上が確定し、下馬評を覆す躍進ぶりに日本中が歓喜に包まれた。モントリオールオリンピックでつかみそこねたメダルを四五年越しで手中に収め、金メダルへの挑戦権をものにしたのである。

初の金メダルマッチ

日本代表監督に就任して以来、ホーバスは東京オリンピックでは「決勝でアメリカを倒して金メダルを取る」と公言してきた。ついに、その目標を達成するための舞台が整う。

いざ決勝がはじまると、オリンピック七連覇を狙う絶対女王アメリカは、序盤からエンジン全開で日本に襲いかかる。林、宮澤という日本が世界に誇る二大シューターを抑え込んだアメリカのディフェンスは圧巻だった。間合いを詰めた徹底マークにより、林も宮澤も決勝でのスリーポイントの成功数はゼロ、打った本数も二人合わせて三本にとどまる。

シューターを生かす日本のセットプレーは、アメリカの前にことごとく封じられた。攻撃のバランスを崩された日本は、最後までリズムに乗り切れない苦しい展開を強いられる。徹底的な分析で知られるアメリカ代表の百戦錬磨の強みを目の当たりにした。

攻めては二〇三センチのブリトニー・グライナー（三〇得点）、一九三センチのエイジャ・ウィルソン（一九得点）を中心にインサイドを制圧する。日本の守りの意識がインサイドに集中したと見るや、これを待っていたかのようにスー・バードやダイアナ・トーラジというベテランのガード陣が外からゴールを射抜き、日本を沈黙させた。一九一センチのブレアナ・ステュアートは、一人で一四本のリバウンドをもぎ取り、日本に付け入る隙を与えない。日本もディフェンスを変えて応戦するが、アメリカの徹底したインサイドゲームを最後まで止めることはできなかった。この試合、アメリカが日本のシュートをはたき落としたブロックショットの数は一二本に及ぶ。

しかし、女王の圧倒的なパワーを前にしても、日本はひたむきにプレーし続けた。何度もブロックショットを浴びせられながらも、果敢に体を当ててファウルを誘う。一〇〇パターン以上あるというセットプレーを駆使してスター軍団を揺さぶり、粘り強いディフェンスでアメリカのミスを誘発し、必死の追い上げを見せた。

最終スコアは七五対九〇。目標とした金メダルには届かなかったが、男女通じて日本のバスケットボール史上初の一二名のオリンピック銀メダリストが誕生した。

スラムダンク、再び

令和四年（二〇二二）一二月、映画『THE FIRST SLAM DUNK』の上映がはじまった。一九九〇年代の大ヒット漫画『スラムダンク』の映画化である。

この映画は、興行収入およそ一五八億円（二〇二三年）の大ヒットを記録した。映画では、主人公が通う湘北高校がインターハイで強豪の山王工業高校と戦う試合がメインとなるが、

『THE FIRST SLAM DUNK』は中国や韓国でもヒットを記録した（写真：CFoto/アフロ）

ヒットの理由は臨場感のあるプレーのシーンである。とくに、選手たちのプレーは、スピード感や細かい身体の動かし方、シューズがフロアに擦れる音まで、まるで本物のプレー映像を見ているかのような出来栄えだった。

この映画は、人の動きをデータ化するモーションキャプチャーの技術を駆使して製作された。アクター（役者）が身体に密着した専用スーツを着用し、肘、膝、骨盤などの部位にマーカーを付けた状態で動くと、複数のカメラが位置情報を読み取りアクターの骨格をデータ化する。そのデータが処理され、アクターの動きに合わせてデジタル上のキャラモデルが動くという仕組みである。そこに制作スタッフが一カットずつ絵の構図を調整し、細部までペンを入れて修正を繰り返した。漫画の原作者で、映画の脚本と監督を務めた井上雄彦も撮影に立ち会い、フォーメーションや選手のポジショニングなど、リアルなバスケットボールの動きに徹底してこだわったという。[17]

原作ファンは、漫画で見た伝説の試合がリアルなアニメーションで再現されたことに興奮し、映画で初めて『スラムダンク』を知った若い世代は、本物のようなプレーの描写や物語の構成から同作の新鮮な魅力を感じ取った。そこに、東京オリンピックの女子日本代表の銀メダルの余韻やBリーグの盛況ぶり、さらには男子日本代表のワールドカップに向けたプロモーションも重なり、国内のバスケットボール人気は熱を帯びていく。

手繰り寄せたパリへの切符

令和五年（二〇二三）の夏、男子バスケットボールのワールドカップがフィリピン、日本、インドネシアの共催で行われた（日本戦は沖縄で開催）。この大会は、パリオリンピック（二〇二四）の予選も兼ねていたため、開催国枠で出場した日本にとってはパリ行きの切符をかけた戦いとなる。男子日本代表の監督には、東京オリンピックで女子を銀メダルに導いたトム・ホーバスが就任し、新たな風を吹き込んでいた。

日本がオリンピックの出場権を獲得する条件は、この大会でアジア最上位の成績を収めることだった。ワールドカップに出場したアジア諸国の世界ランキングは、この時点で日本が三六位、イランが二二位、中国が二七位、ヨルダンが三三位、フィリピンが四〇位、レバノンが四三位で、日本にとっては高いハードルだったといってよい。

一次ラウンド初戦は今大会で優勝するドイツと対戦し、後半には互角の戦いを見せるも六三対八一で敗れる。二戦目のフィンランド戦も前半は苦しい試合展開となり、第三クォーターには最大一八点差を付けられる劣勢だった。しかし、第四クォーターに河村勇輝らの活躍で大爆発した日本は、九八対八八でフィンランドに勝利する。第四クォーターのスコアは三五対一五。歴史に残る大逆転劇である。男子日本代表が世界大会でヨーロッパ勢に勝ったのは、昭和三九年（一九六四）の東京オリンピック以来、実に五九年ぶりだった。

続くオーストラリア戦は八九対一〇九で敗れ、日本は順位決定リーグに回る。しかし、日本を含めたアジア諸国はいずれも二次ラウンド進出を逃したため、その後の勝敗次第では日本がアジア一位でオリンピック出場権を獲得する可能性が残された。

順位決定リーグの初戦は、格上のベネズエラの勢いに押され、日本は第四クォーター残り八分の時点で一五点のビハインドを背負う展開となった。しかし、ここから日本の逆襲がはじまる。河村がタイトなディフェンスで流れを作ると、比江島慎が反撃の口火を切る。比江島は、第四クォーターだけで四本のスリーポイントシュートを含む一七得点をマークし（試合全体では二三得点)、この日の主役となった。最後は八六対七七でベネズエラを引き離し、今大会二勝目を挙げる。

勝てばパリオリンピック出場が決まる最終戦では、序盤は一進一退の攻防が続いたが、富永啓生のスリーポイントシュートでカーボベルデを突き放す。以降はそれまでと違って日本が先行する展開となり、第三クォーターを終えて一八点のリードを奪う。第四クォーターになると日本の得点が止まりカーボベルデの猛追を許したが、最後はジョシュ・ホーキンソンの好守にわたる活躍もあり、八〇対七一で逃げ切った。

この勝利によってアジア最上位が確定し、日本代表は翌年のパリオリンピックの切符を手繰り寄せる。試合後の沖縄アリーナでは、映画『THE FIRST SLAM DUNK』の主題歌『第ゼロ感』が流れ、日本の快挙に沸く観客たちの大合唱が起こっていた。

日本のパリオリンピック出場には、このワールドカップに開催国枠で出場できたことや、ホームの大歓声が選手を後押ししたことも大きく影響していた。だとすれば、ワールドカップを招致した日本協会の尽力も忘れてはならない。

パリオリンピック

ワールドカップの激闘から約一年、令和六年（二〇二四）の夏にパリオリンピックが開幕した。男女ともに、決勝ではアメリカがフランスを僅差で下して金メダルに輝く。

ベスト8を目標に掲げた男子日本代表は、予選リーグでドイツ、フランス、ブラジルと対戦し、三連敗で終える。しかし、勝利には届かなかったものの、男子代表の戦いぶりはそれまでとは明らかに違っていた。初戦のドイツ戦では、ワールドカップ王者を相手に前半を終わって一桁差の好勝負を演じる。後半は引き離されて七七対九七で敗れたが、八村塁が二〇得点と気を吐き、渡邊雄太も四本のスリーポイントシュートを沈めてチームを勢い付けた。

続くフランス戦では、完全アウェーの状況で日本は世界を驚かせることになる。前半を五点のビハインドで折り返した日本は、第三クォーターもフランスに食らいつき、互角の勝負に持ち込む。第四クォーターでは、八村塁が連続でスリーポイントシュートを決めて一ゴール差まで迫る。しかし、その直後、八村が二回目のアンスポーツマンライクファウルを吹かれて退場する。ここまで二四得点を挙げていた八村を欠いた日本は窮地に追い込まれた。しかし、ここで河村勇輝が躍動する。ファウルを受けながらスリーポイントシュートを沈めて四点を奪い、さらにドライブを決めて逆転に成功した。

銀メダルのフランスをあと一歩まで追い詰めた日本代表（写真：ロイター/アフロ）

試合時間残り一六秒で河村がフリースローを沈めて日本は四点リードし、誰もが日本の大金星をイメージした。しかし、残り一〇秒でフランスがスリーポイントシュートを決め、しかもディフェンスのファウルと判定されてしまう。その後、フランスのフリースローが一本決まって同点となり、勝負の行方は延長戦に持ち越された。

延長ではフランスの勢いが優り、九〇対九四で日本は敗れる。日本の歴史的な勝利は、あと一歩のところで手の中からすり抜けていった。しかし、銀メダルを獲得したフランスを崖っぷちまで追い詰めた日本は、世界との距離を着実に縮めたことを証明したといえよう。

第三戦は、八村の故障による離脱も影響し、八四対一〇二でブラジルに敗れた。この試合、ブラジルは六割を超える驚異的な確率でスリーポイントシュートを成功させたが、日本はジョシュ・ホーキンソン（二六得点・一〇リバウンド）、河村勇輝（二一得点・一〇アシスト）、渡邊雄太（一四得点・九リバウンド）の活躍で格上を相手に健闘している。

パリオリンピックの三試合を通して、日本のスリーポイントシュートの成功率（三九・三％）はアメリカ、ブラジルに次ぐ三位で、一試合の平均成功数（一四・七本）、試投数（三七・三本）はともに一位だった。速さとスペースを生かしたスリーポイントシュート主体のコンセプトを遂行できたことが、世界の強豪に対抗できたひとつの要因だといわれる。[18]監督のトム・ホーバスは、東京オリンピックからの三年間で新たなバスケットボールのスタイルを男子代表に浸透させていたのである。

一方、女子代表は東京オリンピックのような成果は出せず、予選ラウンドを三戦全敗で終えた。アメリカ戦は七六対一〇二、ドイツ戦は六四対七五、ベルギー戦は五八対八五というスコアである。

東京オリンピック以降、監督に就任した恩塚亨《おんづかとおる》は「走り勝つシューター軍団」というコンセプトのもと、女子代表の金メダル獲得を目指して強化に取り組む。しかし、世界の強豪国の進化のスピードは速く、日本の強みを随所に見せながらも他国を上回るパフォーマンスを発揮するには至らなかった。銀メダル獲得によって世界に認められた女子日本代表が、従来とは異なり徹底的に〝研究される国〟になったことも一因だろう。東京オリンピックでひとつの最適解を示した女子代表は、さらなる可能性を探る旅路を歩んでいる最中である。

このことは、パリオリンピックで成長を見せた男子代表にも当てはまる。今後、日本は他国の研究対象になるだろう。また、一九六〇年代後半の男子代表がそうだったように、欧米勢に対抗できるチーム作りの推進がかえってアジア予選の戦いを困難にするかもしれない。

男女日本代表の世界との戦いが、ここ数年で新たなフェーズに入ったことは間違いない。

強い日本代表へ

パリオリンピックの男子日本代表の一二名のうち、実に一〇名がアメリカでのプレー経験を持つ。それまで国内でプレーしていた河村勇輝も、オリンピック後にＮＢＡに挑戦する道を選び、見事に夢をつかんだ。過去の日本代表には見られなかった大きな変化である。

その背景には日本協会の働きかけもあった。平成二八年（二〇一六）に技術委員会委員長に就任した東《ひがし》野《の》智《とも》弥《や》は、日本代表につきまとう身長という弱みを最小化するための策を打ち出していく。東野の着想とは、海外組の選手を呼んですぐにチーム化できる指導者の招聘、帰化選手の招集、海外でプレーする日本国籍（もしくは選択可能な）でサイズのある〝ハーフ〟選手の発掘だった。[19]パリオリンピックでの男子代表の躍進は、その取り組みが実を結びつつある証拠だろう。

女子でも、欧米のリーグに挑戦した選手が日本代表に名を連ねるケースが見えはじめ、この動きは今後加速する可能性が十分にある。国際舞台で勝ち上がるために、日本人選手の目が海外に向いたことは大きい。

日本のバスケットボールは、長い時間をかけて日本人の心を捉え、男女を問わない人気スポーツとなり、代表チームは世界へのたゆまぬ挑戦を繰り返し、国際舞台で通用する戦い方を模索し続けてきた。その意味では、東京オリンピックの女子の銀メダル獲得も、パリオリンピックの男子の躍進も、奇跡ではなく必然の結果だといってよいのではないだろうか。

日本のバスケットボールが〝ブーム〟から〝文化〟へとなりつつあるいま、〝強い日本代表〟の姿をイメージすることは、もはや難しくない。

1 「直撃インタビュージャパン2024タスクフォース 川淵三郎チェアマン」『月刊バスケットボール』四三巻五号、二〇一五、p.150
2 「タスクフォース始動！ 日本バスケはどう変わる?・」『月刊バスケットボール』四三巻四号、二〇一五、p.83
3 「新リーグはどう変わる?・」『月刊バスケットボール』四三巻四号、二〇一五、p.84
4 内海知秀「バスケットボール（女子）」『第三一回オリンピック競技大会（二〇一六／リオデジャネイロ）日本代表選手団報告書』日本オリンピック委員会、二〇一七、p.444
5 内海知秀「バスケットボール（女子）」『第三一回オリンピック競技大会（二〇一六／リオデジャネイロ）日本代表選手団報告書』日本オリンピック委員会、二〇一七、p.445
6 大島和人『B.LEAGUE 誕生』日経ＢＰ、二〇二一、pp.262-263
7 葦原一正『稼ぐがすべて』あさ出版、二〇一八、pp.104-105
8 「Ｂリーグ スマホ戦略 ＳＮＳ投稿 電子チケット」『読売新聞』二〇一九年三月二日付
9 「高校バスケ部の留学生は『競技目的』 ＦＩＢＡが移籍規則順守を日本協会に通達」『産経新聞』二〇一九年一月一九日付
10 「八村、ＮＢＡ一巡目指名 日本人初 全体九位でウィザーズ」『朝日新聞』二〇一九年六月二一日付
11 「バスケットの岡山 プロ入りなさそう」『朝日新聞』一九八一年七月三日付
12 ＪＢＡ技術委員会テクニカルハウス部会『MEN'S NATIONAL TEAM Technical Report 2021』日本

バスケットボール協会、二〇二一、p.58

13 JBA技術委員会テクニカルハウス部会『MEN'S NATIONAL TEAM Technical Report 2021』日本バスケットボール協会、二〇二一、p.58

14 『月刊バスケットボール』四九巻一三号、二〇二一、p.17

15 「トム・ホーバスHCの3Pシュート理論」『月刊バスケットボール』四九巻一五号、二〇二一、p.9

16 トム・ホーバス『ウイニングメンタリティー』ベースボール・マガジン社、二〇二一、p.159

17 「アニメ映画『THE FIRST SLAM DUNK』モーションキャプチャーでリアル追求」『東京新聞』二〇二三年二月二八日付

18 小永吉陽子「男子日本代表の奮闘、観客増加などデータから見えるパリ・オリンピックの背景」『月刊バスケットボール』五二巻一〇号、二〇二四、p.132

19 東野智弥「『楽しく・一生懸命に』、世界の壁をぶっ壊せ!」『Basketball Lab 日本のバスケットボールの未来。』東邦出版、二〇一九、p.10

おわりに

最近、「昭和は野球、平成はサッカー、令和はバスケ」という言葉をよく耳にするようになった。それぞれの時代に盛り上がりを見せた象徴的なスポーツを言い当てた表現である。

この言葉に相応しく、いま、バスケットボールは華々しく飛躍の時を迎えている。しかし、何もないところから急に芽が出たわけではない。本書で描き出したように、バスケットボールが日本に伝来してからというもの、何度も流行の時を迎えては停滞を繰り返してきた。それぞれの時代のバスケットボール界を担った人びとが、この競技の明るい未来を夢見て地道に土を耕し、種を蒔き続けたことが今日の発展を呼び込んだといえよう。

日本代表にしても、男女ともにオリンピックから遠ざかった時代はあったが、不遇の時を過ごした指導者や選手たちは、絶えず世界の扉を叩く努力を怠らなかった。昨今の日本代表の躍進は、そういう時代に着実に積み上げられた見えない土台のうえに成り立っていると考えたい。

また、黎明期のバスケットボールに教育的な価値を見出し、魅力あるニュースポーツとして日本国内に広めた人びとの歩みは、試合の勝敗だけがこの競技の唯一無二の物差しではないことを現代の私たちに教えてくれる。

筆者は、江戸時代をはじめ前近代の日本スポーツ史を中心に研究してきたが、若き日はバスケットボールに情熱を注ぎ、下手の横好きでコーチングに携わる機会にも恵まれた経験がある。この無類のバスケ好きが高じて競技の歴史に関心を持ち、とりわけ自分が暮らす日本のバスケットボールの歴史を一冊にまとめたい思いに駆られ、本書の構想に至った。

執筆にあたって、より多くの人に本書を手に取ってほしいという願いから、歴史的な資料を適宜引用しつつも、できるだけ読みやすい文面を意識した。その分、専門性に欠ける部分があったかもしれない。

本書では、男子のみならず女子バスケットボールの歴史にもアプローチすることを心掛けたが、それでも男子バスケに偏りが出てしまった感は否めない。日本の女子バスケットボール史の解明は、今後の研究の進展を待ちたい。加えて、本書ではネイスミスが生み出したバスケットボールの流れを汲む五人制の競技をメインに取り上げたが、そこから派生した三人制バスケや車いすバスケというオリンピック・パラリンピック種目の歴史には触れていない。

一八九一年のアメリカで誕生したバスケットボールは、すぐさまアメリカ国内を飛び出して世界中に拡散し、国際スポーツへと駆け上がった。その拡散経路のうち、日本への伝播や発展の歴史を切り取ったものが本書である。いまや、バスケットボールを通して世界中の人びとが同じ時間を共有している。だとすれば、この競技がいかにしてインターナショナルな、さらにはグローバルなスポーツへと成長を遂げたのか、そういうバスケットボールの「世界史」を構想することも十分に可能だろう。

ともあれ、こうした課題や展望を残しつつも、本書をたたき台にして日本や世界のバスケットボール史を語る多様な研究が進展するならば望外の喜びである。

最後に、光文社新書編集部の高橋恒星氏のお力添えがなければ、本書が世に送り出されることはなかった。構想から執筆の段階に至るまで、氏の的確かつ丁寧なご助言の数々によって最後まで楽しみながら書き上げることができた。記して謝意を表したい。

令和六年一二月二一日　　バスケットボール誕生の日に

谷釜　尋徳

◆バスケットボールの歴史年表

年	世界	日本
1891	・ジェイムズ・ネイスミスがアメリカのマサチューセッツ州の国際YMCA訓練学校に赴任する。 ・国際YMCA訓練学校で、ネイスミスが考案した「13条のルール」にもとづきバスケットボールの授業が初めて行われる（12月21日）。	・ネイスミスの授業でバスケットボールを初めてプレーした受講生のなかに、日本人留学生の石川源三郎がいた。
1892	・国際YMCA訓練学校の広報誌『The Triangle』（1月15日発行）で、バスケットボールのルールが初めて公表される。 ・最初のルールブック『Rules for Basket Ball』（ネイスミス著）が刊行される。	・『The Triangle』（1月15日発行）に石川源三郎が描いた最初のバスケットボールのイラストが掲載される。
1893	・センダ・ベレンソンがスミス・カレッジで女子学生のバスケットボールの試合を開催する。 ・1チームの人数は体育館が小さければ5人、大きければ9人と定められる。	
1894	・ファウルに対する罰則としてフリースローが導入される。 ・オーバーマン・ウィール社が初のバスケットボール専用球を製造する。	・成瀬仁蔵がアメリカの女子大学から女性用のバスケットボールを持ち帰り、日本の女性向けにアレンジを加えて梅花女学校の学生に「球籠遊戯」として指導する。
1895	・YMCAがバスケットボールのルールの運営業務をAAU（Amateur Athletic Union）に委譲する。 ・オーバーマン・ウィール社製	

	のバスケットボール専用球が初の公認球となる。	
1896	・スポルディング社製のボールが公認球となる。	
1897	・1チームの人数が5人に定められる。 ・ハッキングが禁止される。	
1898	・両手でドリブルすることが禁止される。	
1899	・ダブルドリブルが禁止される。	
1901	・AAUにバスケットボール委員会が設置される。 ・ドリブルの後にシュートすることが禁止される。 ・初の女子公式ルールブック『Basket Ball for Women』（ベレンソン編集）が刊行される。	・成瀬仁蔵が日本女子大学を設立し、渋沢栄一邸で開催された第1回運動会で「日本式バスケットボール」を披露する。
1902		・アメリカ留学から帰国した井口阿くりが、女子高等師範学校の学生や女子高等師範学校付属高等女学校の学生に女性用のバスケットボールを指導する。
1903	・タックリングが禁止される。	
1904	・セントルイスオリンピックが開催され、男子バスケットボールが公開競技として行われる。	・本邦初のバスケットボールの単行書『籠毬競技』（高橋忠次郎著）が刊行される。
1905	・アメリカでバスケットボール委員会が結成される。 ・ブロッキングが禁止される。	
1908		・アメリカ留学から帰国した大森兵蔵が東京YMCAの初代体育主事となり、国際YMCA訓練学校で学んだバスケットボールを

		会員に指導する。
1909		・梅花女学校とウヰルミナ女学校のバスケットボールの対抗戦が行われる。
1910		・梅花女学校がバスケットボールの試合を目的に神戸女学院まで遠征する。
1911		・アメリカ留学から帰国した宮田守衛が、神戸YMCAの体育担当スタッフとしてバスケットボールを指導する。
1912		・日本YMCA同盟の総会で体育事業の振興が決議される。
1913	・フィリピンで第1回東洋オリンピック大会（後の極東選手権）が開催される。	・「学校体操教授要目」が公布され「競争ヲ主トスル遊戯」のなかにバスケットボールが採用される。 ・北米YMCA同盟からF.H.ブラウンが派遣される。
1915	・ドリブルの後にシュートすることが許される。 ・AAUとNCAA（National Collegiate Athletic Association）で合同バスケットボール委員会が結成される。 ・アメリカでセミプロチームのオリジナル・セルティックスが結成される。	・ウィスコンシン大学でプレーした佐藤金一が帰国後に京都YMCAの会員となり、同校のバスケットボールチームを編成して指導にあたる。 ・F.H.ブラウンが神戸YMCAに着任し、神戸を拠点に大阪・京都YMCAにも本場のバスケットボールを広める。
1916		・F.H.ブラウンが東京YMCAに着任する。
1917		・東京で開催された第3回極東選手権で、京都YMCAチームが日本のバスケットボール界で初めて国際大会に出場する。 ・極東体育協会編集のルールブ

		ック『バスケット、ボール規定』（佐藤金一訳）が刊行される。 ・東京YMCAに日本初の室内総合体育館が建設される。 ・F.H.ブラウンが東京YMCAチームを編成し、本格的に指導する。
1921		・「男子第1回全日本バスケットボール選手権大会」が開催される。 ・上海で開催された第5回極東選手権に、東京YMCAが日本代表として出場する。
1922	・南米バスケットボール連盟が設立される。	・群馬県で開催された小学校体育指導者講習会のなかで、バスケットボールの解説と実技指導が行われる。
1923	・アメリカで第1回世界バスケットボール・フリースロー・トーナメントが開催される。	・新潟県で新潟市内の複数の小学校を集めてバスケットボールの対抗戦が行われる。 ・立教大学・早稲田大学・東京商科大学によって学生籠球連合が設立される。 ・関東大震災の被害で東京YMCAは体育館を失い、チームは一時解散する。 ・「東京バスケットボール復興大会」が開催される。
1924		・学生籠球連合が全日本学生籠球連合に改称される。
1925		・神奈川県で県下小学校籠球大会が行われる。 ・島根県で松江体育同好会のメンバーを中心に小学生のバスケ

		ットボール大会が開催される。
1927		・早稲田大学チームがアメリカに遠征する。
1928		・埼玉県師範学校バスケットボール部が県内の小学生の大会運営をはじめる。
1930		・薬師寺尊正が編集したバスケットボール専門誌『バスケットボール』が創刊される。 ・李想白の『指導籠球の理論と実際』が刊行される。 ・大日本バスケットボール協会が設立される。 ・表面の口紐がなくなり空気弁が外側に取り付けられたバルブ式のバスケットボールが登場する。
1931		・大日本バスケットボール協会の機関誌『籠球』が創刊される。 ・埼玉県師範学校バスケットボール部の卒業生らによって、県内で県下小学校児童籠球大会がはじまる。
1932	・コートにセンターラインが引かれ、攻撃側は10秒以内にフロントコートにボールを進めなければならず、バックコートにボールを戻してはならないと定められる。 ・国際アマチュアバスケットボール連盟（現在のFIBA）が設立され、国際ルールとして独自の競技規則を採用する。	・明治大学チームがアメリカに遠征する。
1933		・大日本バスケットボール協会

		が招聘した南カリフォルニア大学のジャック・ガードナーとサニー・アンダーソンが、日本各地でバスケットボールを巡回指導する。 ・神宮外苑の相撲場に仮設のバスケットボールコートが造営される。
1934	・1936年のベルリンオリンピックでバスケットボールを正式種目とすることが承認される。 ・イギリスで女子世界大会が開催される。	・松本幸雄が編集したバスケットボール専門誌『籠球研究』が創刊される。 ・関東大学リーグ戦でバスケットボールのラジオ放送がはじまる。
1935	・IOCがバスケットボールの国際的な統括団体としてFIBAを公認する。 ・攻撃側の選手がゴール下の制限区域内に3秒以上とどまることが禁止される。	・日米対抗籠球競技大会が明治神宮外苑のバスケットボールコートで開催される。
1936	・FIBAの国際会議で、身長制限の有無で分ける2クラス制（身長制限なし／身長190センチ以下）の採用が決議される（1940年の東京オリンピックの中止に伴い立ち消えに）。 ・ベルリンオリンピックが開催され、男子バスケットボールが初めて正式種目となる（金メダルはアメリカ）。	・IOC総会で1940年の夏季オリンピックの開催地が東京に決定する。 ・男子日本代表がベルリンオリンピックに出場する（トーナメント式で3回戦敗退）。
1937	・ゴール成功後のセンタージャンプが廃止される。	
1938	・第1回全米大学招待選手権（NIT）が開催される。	・東京市が1940年の東京オリンピックの開催権を返上する。 ・バスケットボールを含む7団

		体が、全国の関係下部団体に対して物資（特に皮革）の使用制限に係る通達を出す。
1939	・第1回全米大学選手権（NCAAトーナメント）が開催される。 ・バスケットボールの考案者、ネイスミスが死去する。	
1940	・東京オリンピックが日中戦争の影響で中止となり、代替のヘルシンキオリンピックも第2次世界大戦の影響で中止となる。	
1941	・ネイスミスの自著『Basketball：It's origin and development』が出版される（邦訳は1980年に水谷豊の訳で出版）。	・大日本バスケットボール協会が大日本籠球協会に改称される。
1942		・大日本体育協会が政府の外郭団体（大日本体育会）になり、バスケットボールも同会の「籠球部会」として国家の管理下におかれる。 ・バスケットボールの全日本選手権が中止となる。
1944	・ロンドンオリンピックが第2次世界大戦の影響で中止となる。	・籠球部会の理事会で学生のバスケットボール競技の禁止が決定する。
1945		・日本籠球協会が再発足する。
1946	・アメリカでプロリーグのBAA（Basketball Association of America）が開幕する。	・「協会復活記念大会」が開催される。
1947	・日系二世の三阪亙がBAAのニューヨーク・ニッカボッカーズに入団する。	・日本籠球協会が日本バスケットボール協会に改称される。 ・日本バスケットボール協会の機関誌『バスケットボール』が

		創刊される。 ・バスケットボールが学校体育の教材として復活する。
1948	・ロンドンオリンピックが開催される（金メダルはアメリカ）。	
1949	・BAAがNBL（National Basketball League）を吸収してNBA（National Basketball Association）が開幕する。	
1950	・アルゼンチンで第1回男子世界選手権が開催される（優勝はアルゼンチン）。	・ハワイ日系二世チームが来日し、東京・大阪・京都・名古屋で試合を行う。 ・タチカラ社が新型の革貼りバスケットボール「シムレス」を開発する。
1951		・鬼塚株式会社が日本初の本格的なバスケットボールシューズ「オニツカタイガー」を開発する。
1952	・ヘルシンキオリンピックが開催される（金メダルはアメリカ）。	
1953	・チリで第1回女子世界選手権が開催される（優勝はアメリカ）。	
1954	・ブラジルで男子世界選手権が開催される（優勝はアメリカ）。 ・NBAでショットクロック（24秒ルール）が導入される。	
1956	・メルボルンオリンピックが開催される（金メダルはアメリカ）。 ・国際ルールでショットクロック（30秒ルール）が導入される。	・男子日本代表がメルボルンオリンピックに出場する（10位）。
1957	・ブラジルで女子世界選手権が	・従来のアメリカンルールでは

	開催される（優勝はアメリカ）。	なく、FIBAの国際ルールを全面的に採用する。 ・日本でショットクロック（30秒ルール）が導入される。
1958	・FIBAヨーロッパチャンピオンズカップがはじまる（1996年にFIBAユーロリーグに改称）。	
1959	・チリで男子世界選手権が開催される（優勝はブラジル）。 ・ソ連で女子世界選手権が開催される（優勝はソ連）。	・IOC総会で1964年の夏季オリンピックの開催地が東京に決定する。
1960	・アジアバスケットボール連盟が設立される。 ・ローマオリンピックが開催される（金メダルはアメリカ）。	・男子日本代表がローマオリンピックに出場する（15位）。 ・元ニューヨーク市立大学コーチのナット・ホルマンが来日し、講習会を開催する。
1961		・元アメリカ代表監督のピート・ニューエルが日本代表のコーチに就任する。
1963	・ブラジルで男子世界選手権が開催される（優勝はブラジル）。	・男子日本代表が世界選手権に出場する（13位）。
1964	・東京オリンピックが開催される（金メダルはアメリカ）。 ・ペルーで女子世界選手権が開催される（優勝はソ連）。	・男子日本代表が東京オリンピックに出場する（10位）。 ・女子日本代表が世界選手権に出場する（9位）。
1965		・マレーシアで開催されたアジア選手権で、男子日本代表が初のアジア王者に輝く。
1967	・ウルグアイで男子世界選手権が開催される（優勝はソ連）。 ・チェコスロバキアで女子世界選手権が開催される（優勝はソ連）。	・男子日本代表が世界選手権に出場する（11位）。 ・女子日本代表が世界選手権に出場する（5位）。 ・男子日本代表が韓国で開催さ

		れたメキシコシティオリンピック予選（アジア選手権）に出場する（3位でオリンピック出場ならず）。 ・日本リーグが開幕する。
1968	・メキシコシティオリンピックが開催される（金メダルはアメリカ）。	・小学校学習指導要領が改訂され、正課体育のなかでポートボールをバスケットボールとして指導できるようになる。 ・日本バスケットボール協会が小学生用のバスケットボールのルールを作成する。
1970	・ユーゴスラビアで男子世界選手権が開催される（優勝はユーゴスラビア）。	・京都バスケットボール協会50周年の記念行事として、6つの小学生チームが集まって第1回全国ミニ・バスケットボール教室交歓大会が開催される。
1971	・ブラジルで女子世界選手権が開催される（優勝はソ連）。	・女子日本代表が世界選手権に出場する（5位）。 ・男子日本代表が日本で開催されたミュンヘンオリンピック予選（アジア選手権）に出場する（優勝してオリンピック出場権を獲得）。
1972	・ミュンヘンオリンピックが開催され、ベルリンオリンピック（1936）から続いていたアメリカの連覇が途絶える（金メダルはソ連）。	・男子日本代表がミュンヘンオリンピックに出場する（14位）。
1974	・プエルトリコで男子世界選手権が開催される（優勝はソ連）。	
1975	・コロンビアで女子世界選手権が開催される（優勝はソ連）。	・男子日本代表がタイで開催されたモントリオールオリンピック予選（アジア選手権）に出場

		する（優勝した中国がIOCの加盟承認を得られなかったため2位の日本が繰り上がってオリンピック出場権を獲得）。 ・女子日本代表が世界選手権に出場する（銀メダルでオリンピック出場権を獲得）。
1976	・モントリオールオリンピックが開催され、女子バスケットボールが初めて正式種目となる（金メダルは男子がアメリカ／女子がソ連）。	・男女日本代表がモントリオールオリンピックに出場する（男子は11位／女子は5位）。 ・日本ミニ・バスケットボール連盟が設立される。
1978	・フィリピンで男子世界選手権が開催される（優勝はユーゴスラビア）。	
1979	・韓国で女子世界選手権が開催される（優勝はアメリカ）。 ・NBAでスリーポイント・ルールが導入される。	・女子日本代表が世界選手権に出場する（6位）。
1980	・モスクワオリンピックが開催され、アメリカをはじめ西側諸国がボイコットする（金メダルは男子がユーゴスラビア／女子がソ連）。	・日本代表選手団がモスクワオリンピック不参加となる（男女ともバスケットボール競技の出場権は獲得しておらず）。
1981		・岡山恭崇がNBAのゴールデンステイト・ウォリアーズから8巡目全体171位で指名されたが、契約には至らず。
1982	・コロンビアで男子世界選手権が開催される（優勝はソ連）。	
1983	・ブラジルで女子世界選手権が開催される（優勝はソ連）。	・女子日本代表が世界選手権に出場する（12位）。 ・男子日本代表が香港で開催されたロサンゼルスオリンピック予選（アジア選手権）に出場す

		る（2位でオリンピック出場ならず）。
1984	・ロサンゼルスオリンピックが開催され、ソ連をはじめ東側諸国がボイコットする（金メダルは男子がアメリカ／女子がアメリカ）。 ・FIBAの総会でスリーポイント・ルールの導入が決まる。	・女子日本代表がキューバで開催されたロサンゼルスオリンピック予選に出場する（予選敗退でオリンピック出場ならず）。
1985		・日本でスリーポイント・ルールが導入される。
1986	・スペインで男子世界選手権が開催される（優勝はアメリカ）。 ・ソ連で女子世界選手権が開催される（優勝はアメリカ）。	
1987	・NBAと各大陸代表のクラブが参加するマクドナルド選手権が開催される。	・男子日本代表がタイで開催されたソウルオリンピック予選（アジア選手権）に出場する（3位でオリンピック出場ならず）。
1988	・ソウルオリンピックが開催される（金メダルは男子がソ連／女子がアメリカ）。	・女子日本代表がマレーシアで開催されたソウルオリンピック予選に出場する（予選敗退でオリンピック出場ならず）。 ・伊藤忠商事がNBAと包括契約を結ぶ。 ・NHKの衛星放送でNBAの試合の放映がはじまる。
1989	・FIBAの総会でオリンピックを含む国際大会でのプロ解禁が決定する。 ・FIBAの正式名称からアマチュアの文字が外れ、国際バスケットボール連盟となる。	・「月刊少年マガジン」で漫画『DEAR BOYS』の連載がはじまる。
1990	・アルゼンチンで男子世界選手	・女子日本代表が世界選手権に

	権が開催される（優勝はユーゴスラビア）。 ・マレーシアで女子世界選手権が開催される（優勝はアメリカ）。	出場する（12位）。 ・「週刊少年ジャンプ」で漫画『スラムダンク』の連載がはじまる。 ・東京体育館でNBAの開幕戦が行われる（フェニックス・サンズvs.ユタ・ジャズ）。
1991		・男子日本代表が日本で開催されたバルセロナオリンピック予選（アジア選手権）に出場する（3位でオリンピック出場ならず）。
1992	・バルセロナオリンピックが開催され、男子アメリカ代表としてNBAのスター軍団のドリームチームが参加する（金メダルは男子がアメリカ／女子がEUN）。	・女子日本代表がスペインで開催されたバルセロナオリンピック予選に出場する（グループリーグ敗退でオリンピック出場ならず）。 ・テレビ番組『愛ラブSMAP』『天才・たけしの元気が出るテレビ!!』で3オン3のコーナーがはじまる。 ・横浜アリーナでNBAの開幕戦が行われる（シアトル・スーパーソニックスvs.ヒューストン・ロケッツ）。
1993		・初のストリートバスケットボール専門のテレビ番組『DUNK3』がはじまる。 ・東京・原宿に日本初の3オン3の専用コートがオープンする。 ・テレビアニメ『スラムダンク』の放映がはじまる。
1994	・カナダで男子世界選手権が開催される（優勝はアメリカ）。 ・オーストラリアで女子世界選	・女子日本代表が世界選手権に出場する（12位）。 ・横浜アリーナでNBAの開幕

	手権が開催される（優勝はブラジル）。	戦が行われる（ポートランド・トレイルブレイザーズvs.ロサンゼルス・クリッパーズ）。
1995		・男子日本代表が韓国で開催されたアトランタオリンピック予選（アジア選手権）に出場する（3位でオリンピック出場ならず）。 ・女子日本代表が日本で開催されたアトランタオリンピック予選（アジア選手権）に出場する（3位でオリンピック出場権を獲得）。 ・福岡ユニバーシアードで男子が銀メダル、女子が銅メダルを獲得する。 ・JBL（バスケットボール日本リーグ機構）が発足する。
1996	・アトランタオリンピックが開催される（金メダルは男子がアメリカ／女子がアメリカ）。	・女子日本代表がアトランタオリンピックに出場する（7位）。 ・「週刊少年ジャンプ」で漫画『スラムダンク』の連載が終わる。 ・東京ドームでNBAの開幕戦が行われる（オーランド・マジックvs.ニュージャージー・ネッツ）。
1997	・WNBA（Women's National Basketball Association）が開幕する。	・萩原美樹子がWNBAのサクラメント・モナークスからドラフト2巡目全体14位で指名され、日本人初のWNBA選手となる。
1998	・ギリシャで男子世界選手権が開催される（優勝はユーゴスラ	・男子日本代表が世界選手権に出場する（14位）。

	ビア)。 ・ドイツで女子世界選手権が開催される（優勝はアメリカ)。	・女子日本代表が世界選手権に出場する（9位)。 ・JBLから女子のリーグを扱う主催団体が独立してWJBL（バスケットボール女子日本リーグ機構）が設立される。 ・秋田県立能代工業高校が3年連続3冠を達成する。
1999		・女子日本代表が日本で開催されたシドニーオリンピック予選（アジア選手権）に出場する（2位でオリンピック出場ならず)。 ・男子日本代表が日本で開催されたシドニーオリンピック予選（アジア選手権）に出場する（5位でオリンピック出場ならず)。 ・東京ドームでNBAのレギュラーシーズンゲームが行われる（ミネソタ・ティンバーウルブズvs.サクラメント・キングス)。 ・日本体育大学がインカレ4連覇を達成する。
2000	・シドニーオリンピックが開催される（金メダルは男子がアメリカ／女子がアメリカ)。 ・シドニーオリンピック以降、FIBAは10分×4クォーター制と24秒ルールを導入する。 ・ユーロリーグがFIBAから独立する。	・長谷川誠がABA（アメリカン・バスケットボール・アソシエーション）のサンディエゴ・ワイルドファイヤに入団する。 ・田臥勇太がNBAのフェニックス・サンズと契約を結び、開幕メンバーに残り日本人初のNBA選手となる。
2001	・NBAでゾーンディフェンスが解禁される。	・日本で10分×4クォーター制と24秒ルールが導入される。

		・21歳以下の男子日本代表が日本で開催されたヤングメン世界選手権に出場する（11位）。 ・JBLがプロ化を目指してスーパーリーグをスタートさせる。
2002	・アメリカで男子世界選手権が開催される（優勝はユーゴスラビア）。 ・中国で女子世界選手権が開催される（優勝はアメリカ）。 ・ヨーロッパ・チャンピオンズカップがはじまる（2008年にユーロチャレンジに改称）。	・女子日本代表が世界選手権に出場する（13位）。
2003		・男子日本代表が中国で開催されたアテネオリンピック予選（アジア選手権）に出場する（6位でオリンピック出場ならず）。 ・さいたまスーパーアリーナでNBAのレギュラーシーズンゲームが行われる（ロサンゼルス・クリッパーズvs.シアトル・スーパーソニックス）。
2004	・アテネオリンピックが開催される（金メダルは男子がアルゼンチン／女子がアメリカ）。 ・アジアバスケットボール連盟がFIBAアジアに改称される。	・女子日本代表が日本で開催されたアテネオリンピック予選（アジア選手権）に出場する（2位でオリンピック出場権を獲得）。 ・女子日本代表がアテネオリンピックに出場する（10位）。 ・bjリーグ（日本プロバスケットボールリーグ）が開幕する。
2006	・日本で男子世界選手権が開催される（優勝はスペイン）。 ・ブラジルで女子世界選手権が	・男子日本代表が世界選手権に出場する（17位）。日本で開催されたこの大会は総額13億円

	開催される（優勝はオーストラリア）。	の赤字を計上する。
2007		・男子日本代表が日本で開催された北京オリンピック予選（アジア選手権）に出場する（8位でオリンピック出場ならず）。
2008	・北京オリンピックが開催される（金メダルは男子がアメリカ／女子がアメリカ）。	・女子日本代表がスペインで開催された北京オリンピック世界最終予選に出場する（順位決定トーナメント敗退でオリンピック出場ならず）。 ・大神雄子がWNBAのフェニックス・マーキュリーと契約し、WNBA選手となる。
2010	・トルコで男子世界選手権が開催される（優勝はアメリカ）。 ・チェコで女子世界選手権が開催される（優勝はアメリカ）。 ・FIBAの国際ルールでゴールからスリーポイントラインまでの距離が6.75メートルに延長される。	・女子日本代表が世界選手権に出場する（10位）。
2011		・男子日本代表が中国で開催されたロンドンオリンピック予選（アジア選手権）に出場する（7位でオリンピック出場ならず）。 ・日本でスリーポイントライン・新ルール（距離の延長）が導入される。
2012	・ロンドンオリンピックが開催される（金メダルは男子がアメリカ／女子がアメリカ）。	・女子日本代表がトルコで開催されたロンドンオリンピック世界最終予選に出場する（決勝ラウンド敗退でオリンピック出場ならず）。 ・大阪の桜宮高校の男子バスケ

		ットボール部員が顧問からの体罰などを理由に自ら命を絶つ事件が起こる。
2013		・日本体育協会、日本オリンピック委員会、日本障害者スポーツ協会、全国高等学校体育連盟、日本中学校体育連盟の連名で『スポーツ界における暴力行為根絶宣言』が採択される。 ・IOC総会で2020年の夏季オリンピックの開催地が東京に決定する。 ・NBL（ナショナルバスケットボールリーグ）が開幕する。
2014	・スペインで男子ワールドカップが開催される（優勝はアメリカ）。 ・トルコで女子世界選手権が開催される（優勝はアメリカ）。	・女子日本代表が世界選手権に出場する（14位）。 ・富樫勇樹がNBAのダラス・マーベリックスと契約を結ぶ（開幕登録メンバー入りはならず）。 ・日本はFIBAから無期限の国際的な資格停止処分を受ける。
2015		・FIBAからの制裁解除に向けてタスクフォースが発足し、川淵三郎がチェアマンとなる。 ・タスクフォース会議でBリーグ（ジャパン・プロフェッショナル・バスケットボールリーグ）が立ち上がる。 ・FIBAから受けた国際資格停止処分が解除される。 ・女子日本代表が中国で開催されたリオデジャネイロオリンピック予選（アジア選手権）に出場する（優勝してオリンピック

		出場権を獲得)。 ・渡嘉敷来夢がWNBAのシアトル・ストームと契約し、WNBA選手となる。
2016	・リオデジャネイロオリンピックが開催される(金メダルは男子がアメリカ/女子がアメリカ)。	・男子日本代表がセルビアで開催されたリオデジャネイロオリンピック世界最終予選に出場する(1次リーグ敗退でオリンピック出場ならず)。 ・女子日本代表がリオデジャネイロオリンピックに出場する(8位)。 ・Bリーグが開幕する。
2018	・スペインで女子ワールドカップが開催される(優勝はアメリカ)。	・女子日本代表がワールドカップに出場する(9位)。 ・FIBAは日本の高校でプレーする留学生について、18歳以下の国際移籍に関する規則を順守するよう日本協会に通達を出す。 ・渡邊雄太がNBAのメンフィス・グリズリーズとツーウェイ契約を結び、開幕メンバーに残りNBA選手となる。
2019	・中国で男子ワールドカップが開催される(優勝はスペイン)。	・試合中の指導者の暴言暴力に対してテクニカルファウルの適用を徹底する方針が採用される。 ・FIBAは男女日本代表に開催国枠として東京オリンピックの出場権を与える。 ・八村塁がNBAのワシントン・ウィザーズから1巡目全体9位で指名され、NBA選手となる。

		・男子日本代表がワールドカップに出場する（31位）。 ・さいたまスーパーアリーナでNBAのプレシーズンゲームが行われる（ヒューストン・ロケッツvs.トロント・ラプターズ）。
2020	・東京オリンピックが新型コロナウィルスの影響により1年延期となる。	・日本バスケットボール協会が『新型コロナウイルス感染症に関するバスケットボール活動再開ガイドライン』を策定する。
2021	・東京オリンピックが開催される（金メダルは男子がアメリカ／女子がアメリカ）。	・男女日本代表が東京オリンピックに出場する（男子は11位／女子は銀メダル）。
2022	・オーストラリアで女子ワールドカップが開催される（優勝はアメリカ）。	・女子日本代表がワールドカップに出場する（9位）。 ・町田瑠唯がWNBAのワシントン・ミスティクスと契約し、WNBA選手となる。 ・さいたまスーパーアリーナでNBAのプレシーズンゲームが行われる（ゴールデンステート・ウォリアーズvs.ワシントン・ウィザーズ）。 ・映画『THE FIRST SLAM DUNK』の上映がはじまる。
2023	・フィリピン・日本・インドネシアの共催で男子ワールドカップが開催される（優勝はドイツ）。	・男子日本代表が日本で開催されたワールドカップに出場する（19位でアジア最上位となりパリオリンピック出場権を獲得）。
2024	・パリオリンピックが開催される（金メダルは男子がアメリカ／女子がアメリカ）。	・女子日本代表がハンガリーで開催されたパリオリンピック世界最終予選に出場する（オリンピック出場権を獲得）。

		・男女日本代表がパリオリンピックに出場する（男子は11位／女子は12位）。 ・河村勇輝がNBAのメンフィス・グリズリーズとツーウェイ契約を結び、開幕メンバーに残りNBA選手となる。

谷釜尋徳（たにがまひろのり）

1980年、東京都生まれ。2003年、日本体育大学体育学部卒業。2008年、日本体育大学大学院博士後期課程修了。現在、東洋大学法学部教授。博士（体育科学）。主な著書に『歩く江戸の旅人たち』、『江戸の女子旅』（以上、晃洋書房）、『スポーツの日本史』（吉川弘文館）など。
好きなバスケ選手は、ケビン・デュラント（NBAフェニックス・サンズ）、ブレアナ・ステュアート（WNBAシアトル・ストーム）。現役時代のポジションはセンターフォワード（CF）。

バスケットボール秘史《ひし》 起源《きげん》からNBA《エヌビーエー》、B《ビー》リーグまで

2025年2月28日初版1刷発行

著　者 ―― 谷釜尋徳
発行者 ―― 三宅貴久
装　幀 ―― アラン・チャン
印刷所 ―― 堀内印刷
製本所 ―― 国宝社
発行所 ―― 株式会社光文社
東京都文京区音羽1-16-6(〒112-8011)
https://www.kobunsha.com/
電　話 ―― 編集部03(5395)8289　書籍販売部03(5395)8116
制作部03(5395)8125
メール ―― sinsyo@kobunsha.com

　ISBN 978-4-334-10554-9

1325

なぜ地方女子は東大を目指さないのか

江森百花　川崎莉音

資格取得を重視し、自己評価が低く、浪人を避ける――。地方と女性という二つの属性がいかに進学における壁となっているのか。現役東大女子学生による緻密な調査・分析と提言。

978-4-334-10399-6

1326

しっぽ学

東島沙弥佳

ヒトはどのようにしてしっぽを失った？　しっぽにどんな思いを馳せてきた？　しっぽを知って、ひとを知る――。文理を越えて研究を続けるしっぽ博士が、魅惑のしっぽワールドにご案内！

978-4-334-10400-9

1327

人生は心の持ち方で変えられる？

〈自己啓発文化〉の深層を解く

真鍋厚

成長と成功を目指す「足し算型」に、頑張ることなく幸福を得ようとする「引き算型」。日本人は自己啓発に何を求めてきたか？「より良い人生を切り拓こうとする思想」の一六〇年を分析する。

978-4-334-10422-1

1328

遊牧民、はじめました。

モンゴル大草原の掟

相馬拓也

150㎞にも及ぶ遊牧、マイナス40℃の冬、家畜という懐事情を近所に曝け出しての生活――。モンゴル大草原に生きる遊牧民の暮らしを自ら体験した研究者が赤裸々に綴る遊牧奮闘記！

978-4-334-10423-8

1329

漫画のカリスマ

白土三平、つげ義春、吾妻ひでお、諸星大二郎

長山靖生

個性的な作品を描き続け、今も熱狂的なファンを持つ四人。後続の漫画家（志望者）たちを惹き付け、次世代の表現を形作ってきた。作品と生涯を通し昭和戦後からの精神史を読み解く。

978-4-334-10424-5

1330
ロジカル男飯
樋口直哉

ラーメン・豚丼・ステーキ・唐揚げ・握りずしなど、万人に好まれる料理を、極限までおいしくするレシピを追求！ 料理に対する考えを一変させる、クリエイティブなレシピ集。

978-4-334-10425-2

1331
現代人のための読書入門
本を読むとはどういうことか
印南敦史

「本が売れない」「読書人口の減少」といった文言が飛び交う現代社会。だが、いま目を向けるべきは別のところにあるのかもしれない——。人気の書評家が問いなおす「読書の原点」。

978-4-334-10444-3

1332
長寿期リスク
「元気高齢者」の未来
春日キスヨ

人生百年時代というが、長寿期在宅高齢者の生活は実は困難に満ちている。なぜ助けを求めないのか？ 今後増える超高齢夫婦二人暮らしの深刻な問題とは？ 長年の聞き取りを元に報告。

978-4-334-10445-0

1333
日本の指揮者とオーケストラ
小澤征爾とクラシック音楽地図
本間ひろむ

「指揮者のマジック」はどこから生まれるのか——。明治時代以降の黎明期から新世代の指揮者まで、それぞれの個性が炸裂する、指揮者とオーケストラの歩みと魅力に迫った一冊。

978-4-334-10446-7

1334
世界夜景紀行
丸田あつし
丸々もとお

夜景をめぐる果てしなき世界の旅へ——。世界114都市、602点収録。ヨーロッパから中東、南北アメリカ、アジア、アフリカまで。夜景写真&評論の第一人者が挑んだ珠玉の情景。

978-4-334-10447-4

1335
働かないおじさんは資本主義を生き延びる術《すべ》を知っている
侍留啓介

起業家にも投資家にもならず、この社会の「勝ち組」になることは可能か？　商社・コンサル・起業を経て経営科学を修めた著者が、実務経験と学識をもとに現代日本のキャリア観を問い直す。

978-4-334-10473-3

1336
つくられる子どもの性差
「女脳」「男脳」は存在しない
森口佑介

男児は生まれつき落ち着きがない、女児は発達が早い——子どもの特徴の要因を性別に求めがちな大人の態度をデータで一刀両断。心理学・神経科学で「性差」の思い込みを解く。

978-4-334-10474-0

1337
ゴッホは星空に何を見たか
谷口義明

《ひまわり》や《自画像》などで知られるポスト印象派の画家・ゴッホ。彼は星空に何を見たのか？　どんな星空が好きだったのか？　天文学者がゴッホの絵に隠された謎を多角的に検証。

978-4-334-10475-7

1338
全天オーロラ日誌
田中雅美

カナダでの20年以上の撮影の記録を収め、同じ場所からの撮影や一度きりの場所まで、思い立った場所での撮影日誌。第一人者が追い求めた、季節ごとに表情を変えるオーロラの神秘。

978-4-334-10476-4

1339
哲学古典授業
ミル『自由論』の歩き方
児玉聡

なぜ個人の自由を守ることが社会にとって大切なのか？　この問いに答えた『自由論』は現代にこそ読むべき名著。京大哲学講義をベースに同書をわかりやすく解く「古典の歩き方」新書。

978-4-334-10508-2

光文社新書

1340

グローバルサウスの時代
多重化する国際政治

脇祐三

米中のどちらにも与《くみ》せず、機を見て自国の利益最大化を図る。インドや中東、アフリカ諸国の振る舞いからグローバルサウスの思考体系と行動原理を知り、これからの国際情勢を考える。

978-4-334-10509-9

1341

映画で読み解く
イギリスの名門校《パブリック・スクール》
エリートを育てる思想・教育・マナー

秦由美子

世界中から入学希望者が殺到する「ザ・ナイン」とは何なのか。エリートを輩出し続けるパブリック・スクールの実像を、「ハリー・ポッター」シリーズをはじめ7つの映画から探る。

978-4-334-10510-5

1342

海の変な生き物が教えてくれたこと

清水浩史

外見なんて気にするな、内面さえも気にするな！　水中観察30年の海と島の達人が、「地味で一癖ある」「厄介者」なのになぜか惹《ひ》かれる10の生き物を厳選、カラー写真とともに紹介する。

978-4-334-10511-2

1343

イスラエルの自滅
剣によって立つ者、必ず剣によって倒される

宮田律

民間人に多大な犠牲者を出し続けているハマスとイスラエルによる「ガザ戦争」。イスラエルはなぜ対話へと舵《かじ》をきらずに平和が遠のいているのか。その根源と破滅的な展望を示す。

978-4-334-10543-3

1344

知的障害者施設　潜入記

織田淳太郎

知人に頼まれ、「知的障害者施設」で働きはじめた著者が見たものとは？　入所者に対する厳罰主義、虐待、職員による「水増し請求」——驚きの実態を描いた迫真のルポルタージュ。

978-4-334-10544-0

光文社新書

1345

だから、お酒をやめました。

「死に至る病」5つの家族の物語

根岸康雄

わかっちゃいるけど、やめられない……そんなアルコール依存症の「底なし沼」から生還するためには、何が必要なのか。五者五様の物語と専門家による解説で、その道のりを探る。

978-4-334-10545-7

1346

恐竜はすごい、鳥はもっとすごい！

低酸素が実現させた驚異の運動能力

佐藤拓己

中生代の覇者となった獣脚類、その後継者である鳥は、低酸素への適応を通じなぜ驚異の能力を獲得できたのか。地球の歴史と共に、身体構造や進化の歴史、能力の秘密に、新説を交え迫る。

978-4-334-10546-4

1347

地方で拓《ひら》く女性のキャリア

中小企業のリーダーに学ぶ

野村浩子

地方の中小企業で地道にステップアップした女性リーダーたちをベテランジャーナリストが徹底取材。本邦初、地方で働き続けたい女性、そして雇用者のための「地元系キャリア指南書」。

978-4-334-10552-5

1348

ひのえうま

江戸から令和の迷信と日本社会

吉川徹

１９６６（昭和41）年、日本の出生数が統計史上最低を記録した。干支《えと》にまつわる古くからの迷信は、なぜその年にだけ劇的な出生減をもたらしたのか？　60年周期の「社会現象」を読み解く。

978-4-334-10553-2

1349

バスケットボール秘史

起源からＮＢＡ、Ｂリーグまで

谷釜尋徳

19世紀末に宗教界の生き残り策として生まれたバスケットボールの世界的な普及と日本への伝来、五輪やＮＢＡへの挑戦、ブームからやがて文化になるまでの歴史を、豊富な資料をもとに探る。

978-4-334-10554-9